micro-ondes

Les légumes et leurs sauces

Données de catalogage avant publication (Canada)

Benoît, Jehane, 1904-

  Les légumes et leurs sauces

  (Héritage+plus) (Encyclopédie de la cuisine aux
four à micro-ondes; 5)

  Publ. aussi en anglais sous le titre: Vegetables
and their sauces.
  Comprend un index.

  2-7625-5810-7

  1. Cuisine au four à micro-ondes. 2. Cuisine (Légumes). 3. Sauces. I. Titre. II. Collection: Encyclopédie de la cuisine au four à micro-ondes; 5)
TX832.B46 1986   641.5'882   C86-096083-8

Diffuseur pour la France et la Suisse:

CQFDI
12 Ter rue de Lagny
77400 Saint-Thibault des Vignes

Diffuseur pour la Belgique:

Vander S. A. Editeur
321 avenue des Volontaires
B-1150 Bruxelles
Tél: 02/762 06 62

Conception graphique de la couverture : Bouvry Designers Inc.
Photos couverture et intérieures : Paul Casavant
Conception et recherche : Marie-Christine Payette
La vaisselle a été prêtée gracieusement par : Eaton, centre-ville, Montréal
et par Le Curio, Mail Montenach, Beloeil
Couverture : Chou-fleur à l'italienne (recette p. 59)

Dépôt légaux : 3e trimestre 1986
Bibliothèque nationale du Québec
Bibliothèque nationale du Canada

ISBN : 2-7625-5810-7   Imprimé au Canada

LES ÉDITIONS HÉRITAGE INC.
300, Arran, Saint-Lambert, Québec J4R 1K5
(514) 672-6710

Jehane Benoit

Encyclopédie de la cuisine au four à

micro-ondes

Les légumes et leurs sauces

Héritage+plus

SOUS
LA DIRECTION
DE
RENÉ BONENFANT

Table des matières

Introduction aux mesures métriques

Millilitre (mL) : pour remplacer l'once fluide	250 mL est l'équivalent d'une tasse de 8 onces
Litre (L) : pour remplacer la pinte	15 mL est l'équivalent de 1 c. à soupe
Gramme (g) : pour remplacer l'once	5 mL est l'équivalent de 1 c. à thé
Kilogramme (kg) : pour remplacer la livre	1 kg est un peu plus de 2 livres
Degrés Celsius (°C) : pour remplacer les degrés Fahrenheit	500 g sont un peu plus de 1 livre
Centimètre (cm) : pour remplacer le pouce	100°C est le point d'ébullition de l'eau
	5 cm est environ 2 pouces

Équivalences des mesures les plus utilisées en cuisine

C. à thé

1/4 de c. à thé .... 1 mL
1/2 c. à thé .... 2 mL
1 c. à thé .... 5 mL
2 c. à thé ....10 mL

C. à soupe

1 c. à soupe ....15 mL
2 c. à soupe ....30 mL
3 c. à soupe ....50 mL
4 c. à soupe ....60 mL
2 à 3 c. à soupe .... 30 à 50 mL
4 à 6 c. à soupe .... 60 à 90 mL

Tasse

1/4 de tasse ....60 mL
1/3 de tasse ....80 mL
1/2 tasse .... 125 mL
3/4 de tasse .... 190 mL
1 tasse .... 250 mL
1¼ tasse .... 315 mL
1⅓ tasse .... 330 mL
1½ tasse .... 375 mL
2 tasses .... 500 mL
3 tasses .... 750 mL
4 tasses ....1 L
5 tasses ....1,25 L
6 tasses .... 1,5 L

Températures

150°F................................... 65°C
200°F................................... 95°C
250°F................................. 120°C
300°F................................. 150°C
350°F................................. 180°C
400°F................................. 200°C
425°F................................. 225°C
450°F................................. 230°C
500°F................................. 260°C

Équivalences des mesures françaises et des mesures canadiennes

Pour les personnes qui désirent utiliser un livre de recettes français, les données suivantes seront sans doute utiles.

CAFÉ, FARINE ET POUDRE

3 grammes ....1 c. à thé
9 grammes ....1 c. à soupe

JUS DE FRUITS, PURÉE

5 grammes ....1 c. à thé
15 grammes ....1 c. à soupe

POUR TOUS LES LIQUIDES

1/2 centilitre ....1 c. à thé
1 centilitre.......................2 c. à thé
1½ centilitre ....1 c. à soupe
1/2 décilitre ..... 3 c. à soupe et 1 c. à thé
1 décilitre........ 6 c. à soupe et 2 c. à thé
2 décilitres .....13 c. à soupe et 1 c. à thé
2½ décilitres .... 15 c. à soupe ou 1 tasse
3 décilitres .... 20 c. à soupe
4 décilitres .... 26 c. à soupe
4½ décilitres ... 30 c. à soupe ou 2 tasses
1 litre .... 4½ tasses

MESURES LIQUIDES

1⅛ litre................ 1 pinte ou 40 onces
550 centimètres cubes ....1 chopine
275 centimètres cubes ....1 demiard
(1 décilitre = 100 centimètres cubes)

MESURES SOLIDES

29 grammes .... 1 once
455 grammes .... 1 livre
1000 grammes
(ou 1 kilogramme).............2⅕ livres

MESURES LINÉAIRES

2½ centimètres..................... 1 pouce
30 centimètres .... 1 pied (12 pouces)
90 centimètres .... 1 verge (36 pouces)

Avant-propos

« Tu aimeras les légumes, si tu sais leur prodiguer le soin attentif et tendre dont ils ont le plus besoin », me disait un jour ma grand-mère. J'avais huit ans, et ce jour-là j'avais refusé de manger du navet. Après le repas, grand-mère me fit peler un navet me montrant comment le faire cuire à la perfection, puis elle en fit une belle purée lisse et dorée qu'elle saupoudra de ciboulette et de persil frais émincés. En y goûtant, je compris que la saveur et la texture crémeuse justifiaient le soin apporté à sa préparation. Toute ma vie j'ai toujours tenté de faire cuire les légumes le mieux possible. J'ai très vite constaté qu'ils étaient sensibles à un soin attentif et qu'ils s'alliaient agréablement aux herbes fraîches, aux épices, et même aux fruits et aux jus.

Puis, le four à micro-ondes est entré dans ma vie, ce grand magicien de la cuisson rapide et parfaite des légumes, soit croquants, soit tendres, et toujours pleins de saveur et de couleur.

Introduction

La cuisson peut s'effectuer par micro-ondes, ou par « auto-senseur » si votre four possède cette caractéristique qui détermine la durée de cuisson et s'arrête automatiquement lorsqu'elle est achevée. Il y a des fours à micro-ondes qui ont aussi la méthode de décongélation-cuisson (« Defrost-Cook ») ou la décongélation au poids, où une fois de plus le four à micro-ondes accomplit un travail parfait.

Si la cuisson prolongée des méthodes conventionnelles supprime beaucoup de la valeur nutritive des légumes, vous pouvez imaginer les résultats du réchauffage ! Ces deux points sont pris en considération dans la cuisson ou le réchauffage des légumes au four à micro-ondes. Ils conservent leur couleur vive et appétissante de même que leur texture.

Importance de bien connaître son four

Il y a plus d'un modèle de four à micro-ondes; d'ailleurs certains fabricants en offrent plusieurs types. Il est donc très important de vous familiariser avec votre four et de bien connaître et comprendre toutes ses possibilités.

Que faut-il faire ?

- Une fois le four branché, y placer un bol d'eau, fermer la porte, et tout en lisant le manuel d'instructions, exécuter chaque opération recommandée.

Exemple : Cuire à « High » 2 minutes.

Cherchez le bouton « High » et programmez; regardez ensuite où est la touche « Start », effleurez-la pour mettre votre four en marche. Vous aurez alors bien compris ce qu'il faut faire pour ce genre d'opération.

Passez ainsi en revue tous les détails concernant le fonctionnement de votre four, et vous remarquerez bien vite comme il est facile de vous en servir, et surtout, vous comprendrez bien toutes les possibilités de votre four.

Connaissez bien la terminologie propre aux micro-ondes

Il y a sur le marché de nombreuses marques de fours à micro-ondes. Voilà pourquoi il importe de bien connaître le vocabulaire propre à cette technologie. Lisez les observations suivantes et faites-en votre profit; la cuisine aux micro-ondes vous apparaîtra alors claire et facile.

Comment retourner le plat (« Rotate »)

Si votre four est muni d'un plateau rotatif automatique ou d'un système spécial comme le « Rotaflow », le « Multiflow » ou tout autre plateau rotatif dérobé qui remplit la même fonction, alors vous n'avez pas à retourner le plat de cuisson. Sinon, donner un quart de tour au plat une fois ou deux durant la cuisson.

Laisser reposer

Cette expression « laisser reposer... minutes, la cuisson terminée » se retrouve dans bien des recettes. Comme le procédé de cuisson aux micro-ondes consiste foncièrement en une vibration intense de molécules, la cuisson des aliments continue par conduction même une fois que l'énergie des micro-ondes est arrêtée. C'est aussi un peu ce qui se produit lorsque les aliments sont cuits pendant une durée x dans un four conventionnel et qu'ils sont laissés en attente. Dans le four à micro-ondes, la période d'attente permet aux molécules de se poser. C'est comme une balle qui rebondit et qui petit à petit vient à s'arrêter et à se poser.

Lorsque dans une recette on lit : « laisser reposer x minutes, remuer et servir », c'est précisément ce qu'il faut faire.

« High » ou intensité élevée

Cela signifie un cycle ininterrompu à puissance maximale, quelle que soit la marque de votre four. Les recettes de chacun des volumes de cette encyclopédie furent préparées pour la cuisson au four à micro-ondes d'une puissance de 650-700 watts.

Si la puissance de votre four est inférieure, il vous faut augmenter légèrement la durée de cuisson comme l'indique le tableau suivant.

IMPORTANT

Les recettes de ce livre ont été testées pour la cuisson au four à micro-ondes de 650 — 700 watts.

Les fours d'une consommation en watts inférieure pourraient nécessiter un ajustement du temps de cuisson.

Les recettes, en général, donneront 6 portions moyennes ou 4 grosses portions.

650-700W	500-600W	400-500W
15 secondes	18 secondes	21 secondes
30 secondes	36 secondes	42 secondes
45 secondes	54 secondes	1 minute
1 minute	1 min 10 s	1 min 25 s
2 minutes	2 min 30 s	2 min 45 s
3 minutes	3 min 30 s	4 minutes
4 minutes	4 min 45 s	5 min 30 s
5 minutes	6 minutes	7 minutes
6 minutes	7 min 15 s	8 min 25 s
7 minutes	8 min 25 s	9 min 45 s
8 minutes	9 min 30 s	11 minutes
9 minutes	10 min 45 s	12 min 30 s
10 minutes	12 minutes	14 minutes
15 minutes	18 minutes	20 minutes
20 minutes	24 minutes	27 minutes
25 minutes	30 minutes	34 minutes
30 minutes	36 minutes	41 minutes

En consultant ce tableau, vous serez en mesure de juger de la durée de cuisson requise pour tout aliment cuit dans un four à micro-ondes dont la puissance en watts correspond à l'une des données ci-haut. Il est toujours sage, cependant, quelle que soit la puissance en watts, de vérifier la cuisson 2 minutes avant la fin de la période de cuisson. Cela, bien entendu, ne s'applique que lorsque la durée de cuisson est supérieure à 2 minutes.

Tableau des niveaux d'intensité

	Intensité	Puissance	Usage
« High »	Élevée	100 %............ (700 W)	Bouillir l'eau Brunir la viande hachée Cuire fruits et légumes frais Cuire le poisson Cuire du poulet (jusqu'à 3 lb [1,5 kg]) Réchauffer des boissons ne contenant pas de lait Cuire des bonbons Préchauffage du plat à griller (accessoires)
« Medium High »	Moyennement élevée	90 %............ (605 W)	Réchauffer les aliments surgelés (ne contenant ni oeufs ni fromage) Réchauffer les conserves Réchauffer les restes Réchauffer les purées pour bébé
« Medium »	Moyenne	70 %............ (490 W)	Cuire les gâteaux Cuire les viandes Cuire les crustacés Préparer les aliments délicats (oeufs, etc.)
« Medium Low »	Moyennement faible	50 %............ (360 W)	Cuire les crèmes Fondre le beurre et le chocolat Préparer le riz
« Low »	Faible	27 %............ (200 W)	Cuire les viandes moins tendres Mijoter les ragoûts et les soupes Ramollir le beurre et le fromage
« Reheat »	Réchauffage	10 %............ (70 W)	Conserver les aliments à la température de service Faire lever la pâte à pain Ramollir la crème glacée
« Defrost »	Décongélation	35 %............ (245 W)	Toute décongélation (Consultez les tables de décongélation de votre four)
« Start »	Mise en contact	0 %............ (0 W)	

IMPI — International Microwave Power Institute — est une institution internationale qui collige et dispense les données concernant les micro-ondes dans le monde entier pour les cuisines, les hôpitaux, etc.
IMPI a fixé les normes qui ont été adoptées pour la désignation des niveaux d'intensité des fours à micro-ondes — HIGH, MEDIUM HIGH, MEDIUM, MEDIUM LOW, LOW, REHEAT, DEFROST, START, et qui doivent être observées dans le monde entier.

Plats et ustensiles qui vont au four à micro-ondes
Les plats et ustensiles qui se prêtent à la cuisson au four à micro-ondes sont : pyrex, Corning, Micro-Dur, caquelons, etc.

Intensité variable
Ceci décrit le choix des niveaux d'intensité vous permettant de préparer au four à micro-ondes certains aliments qui normalement seraient trop sensibles à une activité continue de micro-ondes. Il importe de bien comprendre ce processus : il s'agit effectivement d'un cycle « marche/arrêt » réglé pour l'émission de quantités diverses d'énergie de micro-ondes; cette action pulsative crée une activité de cuisson réduite, sans que vous ayez à vous en inquiéter. Si l'on suggère une cuisson à demi-intensité, sachez que c'est l'équivalent de « Medium-Low », ce qui est un mijotage continu.
Les premiers fours à micro-ondes n'étaient munis que des cycles « Cook » et « Defrost ». Certaines personnes ont encore de ces fours, alors il leur faut se rappeler que le mijotage se fait au cycle « Defrost »; il en va de même toutes les fois que l'on conseille la demi-intensité ou « Medium ». Pour toute autre cuisson, utiliser le cycle « Cook » et prolonger la durée de cuisson de quelques minutes.
Il y a plusieurs autres modes de cuisson dans les divers fours à micro-ondes, il faut donc toujours bien vous conformer à votre manuel d'instructions et bientôt tout vous sera facile.

La teneur en eau des aliments
(1) La teneur en eau des aliments :
   plus elle est importante, plus la période de cuisson est rapide et courte;
   plus elle est réduite, plus la période de cuisson est lente et longue.
(2) La quantité de liquide ajoutée aux aliments :
   plus elle est grande, plus longue est la période de cuisson.
(3) La densité de la denrée :
   poreuse = plus la cuisson est rapide : tomates, épinards, champignons, etc.
   plus dense = plus la cuisson est longue : pois, chou-fleur, etc.
(4) La température ambiante est la température idéale pour commencer la cuisson :
   frais cueilli au jardin ou à la température de la pièce : cuisson plus rapide;
   température plus froide : au sortir du réfrigérateur ou après décongélation : cuisson plus longue.
(5) La structure des aliments :
   morceaux plus petits : cuisson plus rapide : une petite pomme de terre;
   morceaux plus gros : cuisson plus longue : une grosse pomme de terre.
(6) On couvre certains aliments durant la cuisson pour éviter que leur humidité naturelle ne s'évapore. Les recettes l'indiquent.
(7) La teneur en sucre détermine le degré de chaleur produit :
   plus il y a de sucre, plus intense est la chaleur et plus courte est la période de cuisson : sirop, caramel, etc.
(8) Plus les aliments sont gras, plus vite ils cuisent.
(9) La disposition des aliments joue aussi un rôle : 4 à 5 pommes de terre disposées en cercle cuisent plus vite que simplement mises dans le four.

Teneur en eau, addition d'eau, densité, épaisseur, structure, couvercles, teneur en sucre, teneur en gras, disposition des aliments, accessoires appropriés : voilà les mots-clés de la cuisson par micro-ondes, sans oublier le temps de cuisson, le poids des aliments et la température de cuisson.

Comment cuisent les aliments aux micro-ondes

Les micro-ondes représentent une forme d'énergie à haute fréquence semblable à celle utilisée pour la radio (AM, FM et CB). Les micro-ondes sont émises par un tube magnétron générateur de micro-ondes et mesurent de 10 à 15 cm (4 à 6 pouces); leur diamètre est d'environ 6 mm (1/4 de pouce). Dans le four l'énergie des micro-ondes est **réfléchie, transmise** et **absorbée**.

Réflexion

Les micro-ondes sont réfléchies par le métal, tout comme un ballon rebondit sur un mur. Voilà pourquoi l'intérieur du four est en métal recouvert d'époxy. La combinaison de pièces métalliques fixes (parois) et de pièces métalliques mobiles (plateau rotatif ou éventail) contribue à la bonne répartition des micro-ondes, pour une cuisson uniforme.

Transmission

Les micro-ondes traversent certains matériaux, tels que le papier, le verre et le plastique, tout comme les rayons du soleil passent à travers la vitre. Du fait que ces substances n'absorbent ni ne réfléchissent les micro-ondes, ces dernières ne subissent aucune modification de parcours. C'est pourquoi ces matériaux conviennent parfaitement à la cuisson aux micro-ondes.

Absorption

Les micro-ondes pénètrent les aliments d'environ 2 cm à 4 cm (3/4 po à 1½ po) sur toute leur surface et sont absorbées. Lorsqu'elles entrent en contact avec l'humidité, le gras ou le sucre, elles provoquent la vibration des molécules de ces substances. Cette vibration qui se répète 2 450 000 000 fois par seconde entraîne la friction des molécules qui, à son tour, produit la chaleur nécessaire à la cuisson des aliments. (Pour comprendre facilement ce phénomène, frottez-vous les mains l'une contre l'autre.) Ensuite, la cuisson interne se poursuit par conduction vers le centre. La **chaleur** ainsi produite parvient jusqu'au centre de l'aliment.

La cuisson continue par conduction durant la période d'attente, ce qui permet de conserver la chaleur de l'aliment cuit de 4 à 10 minutes, après la cuisson, mais également de cuire 3 à 4 plats avec un seul four, et de tout servir bien chaud.

Manière d'organiser la cuisson d'un repas complet

Si votre menu comporte un rôti, des pommes de terre et des petits pois, cuire le rôti d'abord. Pendant sa période d'attente, cuire les pommes de terre; elles resteront chaudes de 20 à 30 minutes si elles sont recouvertes d'un linge. Cuire ensuite le légume qui a la cuisson plus courte.

Le dessert peut être cuit avant la viande, ou s'il doit être servi chaud, le cuire pendant le repas et le laisser en attente dans le four, puisqu'au son du timbre sonore, le four s'éteint et qu'il n'y a aucun inconvénient à y laisser l'aliment jusqu'au moment de le servir.

Ustensiles de cuisson

Vous serez surpris de la quantité d'ustensiles que vous pouvez utiliser dans un four à micro-ondes, et que la plupart du temps vous avez déjà dans votre cuisine. Ex.: Pyrex, Micro-Dur, Corning et autres. La plupart de ces ustensiles sont tout désignés. D'ailleurs, de nombreux fabricants identifient à présent les plats allant au four à micro-ondes. Tous les verres résistant à la chaleur, à moins qu'ils ne portent des décorations de métal, peuvent presque toujours être utilisés. Toutefois, soyez prudent si vous utilisez des verres délicats, car ils peuvent se fêler, non pas à cause des micro-ondes, mais de la chaleur que leur transmettent les aliments.

Voici quelques-uns des ustensiles de cuisine à l'épreuve de la chaleur que je considère indispensables pour la cuisson aux micro-ondes. Il ne fait aucun doute que vous possédez plusieurs de ces articles :
- tasse à mesurer en verre
- ramequins
- bols à mélanger en verre ou en pyrex
- terrines de porcelaine ou de pyrex
- faitout

- plats ovales allant au four, non métalliques
- plats à gâteau, ronds, carrés, longs, en verre, pyrex, plastique, Micro-Dur
- assiettes à tarte en plastique, verre ou céramique
- grands bols de 8 à 10 tasses (2 à 2,5 L) avec couvercles (difficiles à trouver).

Comment couvrir les aliments pour la cuisson par « auto-senseur »

Dans la cuisson par « auto-senseur », il faut mettre 1/4 à 1/3 de tasse (60-80 mL) d'eau au fond du plat, selon la quantité d'aliments à cuire, et le couvrir d'une feuille de polyéthylène. En faisant usage du plat en plastique « Micro-Dur », il n'est pas nécessaire d'utiliser une feuille de polyéthylène car ce plat possède un couvercle qui empêche la vapeur de s'échapper.

Température de départ
Il est évident que les aliments laissés à la température de la pièce prennent moins de temps à cuire que ceux qui sortent du réfrigérateur ou du congélateur.

Mélange
Il est quelquefois nécessaire de remuer les aliments durant la cuisson. Les recettes indiquent la fréquence à laquelle il faut les remuer.
Exemple : Ramenez les parties plus cuites vers le centre. Quelques aliments doivent être retournés dans le plat durant la cuisson.

Attente
La plupart des aliments continuent à cuire par conduction après l'arrêt de l'émission des micro-ondes. Pour les viandes, la température interne s'élève de 5°F à 15°F si l'aliment est couvert pendant 10 à 20 minutes avant le service. La durée d'attente est plus courte pour les fricassées et les légumes mais elle est nécessaire pour compléter la cuisson au centre sans que l'extérieur soit trop cuit ou que le légume refroidisse.

Les innovations technologiques des fours à micro-ondes valent que nous les étudiions et que nous les utilisions, car elles nous facilitent sans cesse la tâche. Il est donc important de bien lire le manuel de votre four; il vous indique et vous explique les différentes méthodes de cuisson et leur utilisation. Voici quelques données qu'il importe de bien comprendre pour tirer le meilleur profit de votre four.

Plateau rotatif

Certains fours sont munis d'un plateau rotatif ou d'un petit éventail dans la partie supérieure du four ou d'un système rotatif dérobé (celui de votre modèle sera expliqué dans le manuel d'instructions); alors vous n'avez pas à retourner le plat ou les aliments.

Si votre four n'a pas le plateau rotatif, ni l'éventail, ni le système rotatif dérobé, eh bien, il vous faudra retourner le plat de cuisson d'un quart de tour de temps en temps pour assurer une cuisson uniforme, car il arrive que les micro-ondes se concentrent davantage à un endroit qu'à un autre sur les aliments, surtout s'il y a des morceaux de gras dans la viande, et n'oublions pas que ces derniers ne sont pas toujours visibles. Ce qui arrive c'est que les parties grasses cuisent plus rapidement parce que le champ de réflexion n'est pas modifié.

Cuisson par « auto-senseur » (Sensor)

Une autre merveille de la cuisine aux micro-ondes !

Le four décide du temps de cuisson requis.

Vous avez un légume, une viande, un ragoût, etc., à faire cuire et vous ignorez quel temps de cuisson allouer, soyez tranquille, car si votre four peut cuire par « auto-senseur », ce dispositif détermine automatiquement la durée nécessaire pour compléter la cuisson. Vous aurez sur la plaque du four une section désignée soit « Cook », soit « Insta-matic », ou autre. Le manuel de votre four vous en indiquera l'utilisation.

Les cycles de cuisson par « auto-senseur » sont indiqués au tableau par les chiffres de 1 à 7 ou à 8, et à chaque chiffre correspond le genre d'aliment à faire cuire. Exemples : A7 Soft Vegetables (légumes tendres), soit choux de Bruxelles, Zucchini; A8 Hard Vegetables (légumes durs), soit carottes, etc. Consultez toujours le manuel d'instructions de votre four pour vous bien renseigner.

Il y a dans la cuisson par « auto-senseur » (« Cook ») deux points importants à observer. Quel que soit l'aliment, il faut toujours y ajouter un peu d'eau, de 1/4 à 1/3 de tasse (60 - 80 mL), selon la quantité à faire cuire, et s'assurer que le plat soit bien recouvert d'un papier plastique ou d'un couvercle qui adhérera au plat pendant la cuisson. Vous trouverez ce genre de plats sur nos marchés, de formes et de dimensions variées, dont le couvercle est impeccable pour la cuisson par « auto-senseur ». Ce sont les plats Micro-Dur.

- Il est important de ne pas ouvrir la porte du four pendant la période de cuisson. Le travail se fait en deux temps.

Le chiffre choisi apparaît et demeure visible jusqu'au moment où la vapeur indique au registre placé à l'intérieur de la machine, que le point de cuisson peut être déterminé.

Un signal sonore « Beep » se fera entendre, et le temps de cuisson déterminé par le four s'affichera au registre.

Quelques conseils sur le réchauffage des aliments au four à micro-ondes

Comme la décongélation, la possibilité de réchauffer une grande variété d'aliments est une utilisation très appréciée du four à micro-ondes. C'est pour vous une économie de temps, d'argent et de nettoyage après cuisson. De plus, par ce mode de réchauffage, les aliments conservent toute leur fraîcheur et leur saveur. Les restes ont ce goût de « frais cuit », jamais obtenu par les méthodes conventionnelles. Certains aliments sont même plus savoureux lorsqu'ils sont réchauffés dans le four à micro-ondes car les saveurs ont eu le temps de se lier.

Les plats tels les sauces à spaghetti, les lasagnes, les pommes de terre purée, les crèmes, les ragoûts, sont parmi les alimentsdont la saveur s'améliore au réchauffage.

Pour réchauffer une assiettée

Disposez les aliments dans une assiette qui va au four à micro-ondes, en plaçant les portions plus épaisses et plus grosses au bord de l'assiette. Ajoutez de la sauce ou du beurre au goût. Recouvrez l'assiette d'un papier ciré, réchauffez à « Medium High » de 2 à 3 minutes, en vérifiant après 2 minutes.

Les plats en casseroles

Bien brasser et ajouter une petite quantité de liquide (eau, lait, consommé, sauce, etc.); généralement, 1/4 de tasse (60 mL) suffit; recouvrir d'un couvercle en verre ou d'un papier plastique.

Encore une fois, si votre four est muni d'un Senseur ou de la cuisson Insta-matic, effleurez la touche de contact no 1 ou procédez comme l'indique votre manuel pour micro-ondes.

La composition des légumes

Le mot légume s'applique à bon nombre de plantes dont nous utilisons certaines parties pour la consommation, telles que :

les tubercules, excroissances arrondies de la racine, tels que les topinambours et les pommes de terre;

les racines, telles que les carottes et les navets;

les bulbes, tels que les oignons;

les tiges, qui sont des plantes entières portant des feuilles au sommet, telles que le céleri;

les feuilles, telles que les épinards et autres légumes verts;

les fleurs, telles que les choux-fleurs;

les fruits, tels que les aubergines et les tomates;

les cosses, telles que les haricots jaunes et verts, les petits pois.

À toute fin pratique, cette classification peut se résumer à deux principales catégories : les légumes à racines et les légumes verts.

Les légumes à racines comprennent les tubéreux et les racines. Leur teneur en eau est élevée et ils emmagasinent des éléments nutritifs sous forme d'amidon. Ils sont aussi généralement une excellente source de sels minéraux. Leur teneur en protéines et en matières grasses est presque nulle. La matière constitutive de leurs fibres est un tissu ligneux, la cellulose, qui en certains cas doit être ramollie afin que le contenu digestible puisse en être extrait. Plus ces légumes vieillissent, plus la cellulose durcit. C'est pourquoi les navets, betteraves et carottes d'hiver exigent une cuisson plus longue que les nouveaux légumes au printemps. Certaines racines se mangent crues; par exemple, les carottes et les radis.

Les bulbes, tels que les oignons déshydratés sont parfois classés comme légumes à racines. De même que les racines et les tubercules, ils se conservent durant l'hiver. Cependant, les oignons frais, tels que les oignons verts et les poireaux sont périssables comme les autres légumes verts.

Les légumes verts comprennent les autres groupes. Même les légumes blancs, rouges ou violets, comme les choux-fleurs, tomates, aubergines, etc., ont des feuilles vertes à la base ou à la tige. Et de même que pour les légumes à racines, la cellulose s'affermit en vieillissant. Naturellement, la saveur des légumes verts jeunes et frais est plus délicate que celle des plus vieux. Jeunes ou vieux, ils ne contiennent que très peu de féculent, et nullement de matières grasses ou de protéines, mais les sels minéraux y sont bien représentés et contribuent à la grande importance des légumes verts dans l'alimentation. Les légumes verts, contrairement aux racines, sont très périssables et doivent être consommés au plus tard 3 ou 4 jours après l'achat.

Règle générale sur la conservation des légumes

Pour tous les légumes, « plus ils sont frais, meilleurs ils sont ». Utilisez-les le plus tôt possible après l'achat, mais dans l'intervalle certains doivent être préservés de la perte d'humidité par la réfrigération, tandis que d'autres doivent être conservés dans un endroit frais en dehors du réfrigérateur. La température ambiante et une circulation d'air maximale sont de rigueur pour d'autres. C'est en apprenant les exigences des différents légumes que vous saurez leur prodiguer les meilleurs soins avant la cuisson.

La conservation des légumes

Les légumes périssables
Les asperges, le maïs, les concombres, les oignons verts, les piments doux, les radis, les tomates et toutes les laitues sont les plus périssables. Il faut les conserver dans un sac de matière plastique dans le bac à légumes de votre réfrigérateur, en plaçant un essuie-tout au fond du sac pour absorber l'humidité.

Les légumes semi-périssables
Les haricots jaunes et verts, le brocoli, les choux de Bruxelles, le chou, le chou-fleur, le céleri et les pois en cosses.
Les nettoyer, sans les laver, les mettre dans un sac de matière plastique ou un contenant couvert, et les conserver sur une tablette du réfrigérateur. Les pois doivent être conservés en cosses, sinon ils sèchent.

Les légumes de longue conservation
Les aubergines, les citrouilles, les courges, les betteraves, les carottes, les oignons, les panais, les pommes de terre et les navets. Ce sont les légumes qui se conservent le plus longtemps sans perte de qualité.
Les oignons se conservent bien à la température ambiante pourvu que l'air circule tout autour. Les mettre dans un filet ou dans un panier en broche et les tenir à l'écart de l'humidité.
Les courges, les citrouilles, les navets et les betteraves d'hiver peuvent être conservés dans un endroit frais et sec.

Le langage micro-ondes pour les légumes
Pour atteindre la perfection dans la cuisson des légumes par micro-ondes, il est essentiel de connaître ce qui suit.

La forme des légumes
Égalité de forme. Exemple : ne pas faire cuire aux micro-ondes une grosse pomme de terre et deux ou trois petites pommes de terre. Il faut assurer l'uniformité d'épaisseur des tranches de légumes, etc.

Utilisation d'une claie — « Elevating »
En plaçant les légumes tels que courges, artichauts, etc., sur une claie (il en existe plusieurs types sur le marché), la cuisson sera plus uniforme.

Perçage
Certains légumes, tels que pommes de terre, courges, tomates entières, etc., que l'on fait cuire dans leur pelure, doivent être piqués avec la pointe d'un couteau pour les empêcher d'éclater lorsque la vapeur s'y accumule durant la cuisson.

Disposition
Les petits morceaux doivent être placés au milieu du plat, les morceaux plus gros autour, car la cuisson est plus rapide sur les bords qu'au milieu du plat.
Les pommes de terre enveloppées, les épis de maïs enveloppés, les artichauts, doivent être placés autour du plat, si possible, et être d'égale grosseur.
Les asperges qui ont de longues pointes doivent être placées les unes à côté des autres en alternant la tête et la queue.

Couvercle
Les couvercles en pyrex, les plats en plastique dont le couvercle assure l'étanchéité (Micro-Dur), et les feuilles de matière plastique retiendront la chaleur et l'humidité nécessaires à la cuisson des légumes frais qui ne sont pas cuits dans leur pelure naturelle. Une courge ou une pomme de terre non pelée cuira dans sa pelure, mais les légumes pelés et tranchés doivent être couverts.

Artichauts à la grecque (p. 20) →

Préparation de base des légumes frais, surgelés et en conserve

Les légumes frais
Lorsqu'une recette mentionne le poids des légumes, il s'agit du poids avant de les peler, de les apprêter, etc.

Il faut toujours percer la pelure des légumes qui doivent cuire entiers ou non pelés, tels que pommes de terre, courges, aubergines, etc. Cela permet à la vapeur de s'échapper et empêche les légumes d'éclater.

Disposer les légumes en cercle sur le plateau du four, sur une claie ou dans un plat.

Ajouter, en règle générale, 2 à 3 c. à soupe (30 à 50 mL) d'eau par livre (500 g) de légumes.

Le sel ou le sucre ou les deux, lorsque utilisés séparément ou conjointement, doivent être placés *sous* les légumes car autrement ils les tachent, et il arrive même que la cuisson en soit retardée.

Les légumes surgelés
Disposer les légumes surgelés [paquet de 10 onces (300 g)] sur une assiette à tarte et percer le dessus du paquet.

Si les légumes sont dans un sac, percer le dessus du sac.

Si le paquet est enveloppé de papier d'aluminium, retirer ce papier ou tout entourage de métal.

Lorsque les légumes surgelés proviennent d'un sac (petits pois, maïs, etc.), les faire chauffer dans une casserole couverte, en remuant une fois à mi-cuisson.

Aucun liquide n'est ajouté.

Les légumes en conserve
Simplement verser les légumes et le jus dans un plat et faire chauffer, couverts.

Le contenu d'une boîte de 10 onces (284 mL) se réchauffera en 1½ à 2 minutes.

La boîte de 19 onces (540 mL), en 2½ à 3 minutes.

Programmer à « MEDIUM-HIGH » dans les deux cas.

La cuisson des légumes surgelés
Vider le contenu dans un plat, *le côté glacé sur le dessus,* d'une seule pièce, ou s'il s'agit de morceaux (comme les petits pois), les étaler sur une assiette. Couvrir. Faire cuire 3 à 5 minutes selon les légumes, à « HIGH » ou à « DEFROST-COOK »*. La cuisson terminée, retirer du four, laisser reposer 5 minutes, couverts, assaisonner et servir.

* Si votre four à le « DEFROST-COOK », les légumes seront décongelés et cuits selon la programmation (consulter le manuel de votre four).

La chaleur résiduelle
Avec tous les légumes frais ou surgelés cuits aux micro-ondes, il faut allouer du temps pour la cuisson résiduelle, et généralement un délai de 5 minutes environ s'écoule, à compter du moment où se termine la cuisson à celui où la famille est servie.

La chaleur résiduelle des micro-ondes signifie que la chaleur intense accumulée dans les légumes durant la cuisson ne s'arrête pas immédiatement dès qu'ils sont retirés du four à micro-ondes; elle se poursuit, et voilà pourquoi il ne faut pas les faire trop cuire.

La cuisson des légumes par « auto-senseur »
La plupart des recettes de ce livre peuvent être cuites par « auto-senseur ».

1. Pour obtenir de bons résultats de cuisson par « auto-senseur », les aliments doivent être cuits dans des contenants recouverts soit d'une feuille de matière plastique ou d'un couvercle bien ajusté.
   Si un couvercle n'est pas étanche, ou si la feuille de matière plastique n'adhère pas parfaitement à l'ustensile de cuisson ou a été percée, la vapeur s'échappera trop tôt et l'aliment ne cuira pas à fond. Utiliser soit le couvercle, soit la feuille de matière plastique, non pas les deux.
2. Généralement, le verre qui va au four, tel que le pyrex, la céramique (Corning), d'autres ustensiles de verre résistant à la chaleur, et les plats en plastique avec couvercle (Micro-Dur), sont excellents pour la cuisson par « auto-senseur ».

← **En haut: Asperges à l'italienne (p. 24)**
← **En bas: Caviar d'aubergine (p. 30)**

3. Couvrir le plat sans couvercle d'une feuille de matière plastique. Pour couvrir un ustensile plus grand, utiliser deux feuilles repliées l'une sur l'autre au centre. Appuyer fermement sur le pli du centre pour qu'il soit étanche. Le papier doit dépasser le contour de l'ustensile de deux à trois pouces (5 à 5,7 cm) et adhérer parfaitement aux parois et autour du fond de l'ustensile.
4. Les sacs d'entreposage et de cuisson en matière plastique ne conviennent pas à la cuisson par « auto-senseur ».
5. Si la feuille de matière plastique ou le couvercle est retiré durant le temps de cuisson programmé, la cuisson ne sera pas achevée. Le temps de cuisson qui reste dépend de la vapeur retenue pour l'achever. Ne pas retirer le papier avant que le four ne s'arrête. Alors, relever un coin du papier, puis recouvrir et laisser reposer quelques minutes ou jusqu'au moment de servir.

Le blanchiment des légumes pour la congélation

Le blanchiment des légumes est essentiel avant la congélation. Autrement, les enzymes naturels des légumes changeront les sucres de la plante en féculents durant la période de congélation. Ces légumes auront alors une saveur moins sucrée et plus amidonnée qui donnera un goût de maturité avancée.

Le blanchiment des légumes au four à micro-ondes, en plus d'économiser du temps, est un procédé rapide et facile qui permet d'obtenir un produit fini parfait.

Pour l'uniformité de blanchiment et de congélation, s'assurer que les légumes sont coupés en morceaux d'égale grosseur.

Mettre dans un plat de cuisson aux micro-ondes juste assez de légumes pour remplir un contenant. Lorsque des herbes, du sel ou du sucre sont ajoutés, les placer au fond du plat, car l'assaisonnement ou l'arôme mis sur le dessus a tendance à déshydrater ou à décolorer les légumes.

Verser 1/2 tasse (125 mL) d'eu *bouillante* sur 2 tasses (500 g) de légumes préparés. Couvrir d'un papier ciré ou d'une soucoupe. Faire cuire aux micro-ondes 2 à 3 minutes, en remuant une fois, selon le genre de légumes : tiges de brocoli (dures) 3 minutes, petits pois (mous) 2 minutes.

Lorsque le blanchiment est complété, verser les légumes dans une passoire, les rincer 2 secondes à l'eau froide courante. Les bien égoutter, empaqueter, étiqueter et congeler.

Tableau de base pour légumes surgelés

Employer un plat pour cuisson aux micro-ondes de 6 à 8 tasses (1,5 à 2 L). Ne pas ajouter d'eau. Faire cuire à « HIGH ». Les temps de cuisson sont valables pour les paquets standard vendus dans le commerce.

Légume	Quantité*	Temps (mn)
Asperges	300 g	6
Brocoli, défait en bouquets	300 g	8
Brocoli haché	300 g	5
Carottes	300 g	6
Choux de Bruxelles	300 g	9-10
Chou-fleur	300 g	5-6
Coeurs d'artichauts	300 g	6
Courge	300 g	5-6
Épinards	300 g	5
Maïs en grains	300 g	4
Haricots jaunes coupés	300 g	6-7
Haricots verts coupés	300 g	7
Macédoine de légumes	300 g	5-6
Petits pois	350 g	5-6

Laisser les légumes reposer 2 à 3 minutes après la cuisson. Remuer avant de servir.

* *Certains des légumes surgelés sont vendus en sacs de 500 g et de 1 kg. Retirer la quantité désirée et faire cuire conformément au tableau ci-dessus.*

L'artichaut

L'artichaut doit être d'un beau vert brillant avec des feuilles épaisses. Si toutefois les feuilles supérieures sont tachées de noir, c'est qu'elles ont été atteintes par la gelée, affectant ainsi leur apparence, même après cuisson. Cela n'empêche pas l'artichaut d'être comestible, car la gelée ne touche généralement que les feuilles du dessus qui peuvent être enlevées.

Rechercher les têtes fermes et pas trop légères, dont les feuilles sont compactes. Lorsque les pétales s'entrouvrent, c'est que l'artichaut est moins frais.

Artichauts nature

La préparation
- Enlever d'abord la tige des artichauts, couper la portion foncée de la tige et la peler, la mettre de côté pour la cuisson.
- Puis, couper la pointe de chaque feuille pour en retirer le bout pointu et piquant.
- Si les feuilles à la base de l'artichaut sont coriaces ou noires et ligneuses, les couper avec des ciseaux.

Mettre les artichauts dans un bol, recouverts d'eau froide, et les laisser tremper 10 minutes. Les égoutter en les secouant pour en retirer l'excédent d'eau.

La cuisson
Envelopper chaque artichaut dans une feuille de matière plastique (il cuit à la vapeur). Les disposer en cercle sur le plat du four. Je compte 5 minutes à « HIGH » pour le premier et j'ajoute 2 minutes pour chacun des artichauts supplémentaires. Les faire cuire un par un ou pas plus de cinq à la fois.

Artichauts à la grecque (photo p. 16-17 recto)

La culture des artichauts commença dans les régions centrales et occidentales de la Méditerranée, pour ensuite se répandre universellement. La méthode de cuisson grecque est très particulière et très savoureuse.

4 artichauts moyens	1/4 de c. à thé (1 mL) de thym
1 tasse (250 mL) d'eau	1/4 de c. à thé (1 mL) de sel
10 graines de cardamome	1/4 de tasse (60 mL) de persil émincé
2 gousses d'ail pelées	une bonne pincée de poivre
le zeste râpé d'un citron	1/3 de tasse (80 mL) d'huile d'olive
le jus d'un citron	

Préparer les artichauts tel qu'indiqué pour les artichauts nature. Les disposer les uns à côté des autres, le bout de la queue vers le bas, dans un plat pour cuisson aux micro-ondes. Ils peuvent aussi être coupés en deux et disposés dans le plat, le côté pointu vers le milieu, le côté plus large vers les bords.
Bien mélanger le reste des ingrédients et les verser sur les moitiés d'artichauts. Si les artichauts sont entiers, les recouvrir du mélange à l'aide d'une cuiller afin qu'une partie de la sauce se répande entre les feuilles. Recouvrir le plat de son couvercle ou d'une feuille de matière plastique. Faire cuire 10 minutes à « HIGH ». Soulever un coin de la feuille, remuer les artichauts dans le plat, faire cuire 10 minutes de plus à « MEDIUM-HIGH ». Retirer du four à micro-ondes. Laisser reposer 5 minutes. Découvrir et arroser du jus de cuisson. Mettre les artichauts sur un plat de service.
Faire cuire la sauce, à découvert, 3 à 5 minutes à « HIGH » ou jusqu'à léger épaississement. Verser sur les artichauts. Les servir chauds, de préférence. Ils sont aussi savoureux servis à la température ambiante. Ne pas les réfrigérer.

Artichauts à la barigoule

Ils se conservent de 3 à 4 jours, couverts, au réfrigérateur. Ils sont également délicieux servis chauds ou froids.

4 artichauts moyens

5 tasses (1,25 L) d'eau froide

3 c. à soupe (50 mL) de vinaigre blanc

3 c. à soupe (50 mL) de beurre

1 c. à soupe (15 mL) d'huile végétale

2 oignons hachés fin

1/2 c. à thé (2 mL) de thym

1 feuille de laurier

3 c. à soupe (50 mL) de vinaigre de cidre

1/4 de tasse (60 mL) de vermouth sec

sel et poivre au goût

Préparer les artichauts tel qu'indiqué pour les artichauts nature. Les mettre dans un plat pour cuisson aux micro-ondes, recouvrir d'eau froide, ajouter les 3 premières c. à soupe (50 mL) de vinaigre et laisser reposer jusqu'au moment de la cuisson, au moins 30 minutes.

Mettre le beurre et l'huile dans un plat de cuisson de 10 sur 6 pouces (25 sur 15 cm). Ajouter les oignons. Faire cuire sans couvrir de 4 à 5 minutes à « MEDIUM », en remuant une fois durant la cuisson.

Retirer du four. Incorporer le thym, la feuille de laurier, le vinaigre et le vermouth. Disposer les artichauts, coupés en deux, autour du plat, en laissant le centre libre. Couvrir de papier ciré. Faire cuire 20 minutes à « MEDIUM », en retournant les artichauts dans la sauce toutes les 5 minutes. Retirer du four, laisser reposer couverts 15 minutes. Disposer les artichauts joliment dans un plat et les arroser de la sauce, couvrir et laisser refroidir à la température de la pièce. On peut les servir tièdes ou refroidis. S'ils sont réfrigérés, les sortir une heure avant le service.

L'asperge

Une plante de la famille du muguet. Très appréciée, elle a une élégance, un style, un « je ne sais quoi » d'unique. L'asperge fait son apparition dès le premier souffle du printemps et les premières asperges sont considérées comme un luxe.
- On alloue de 1½ à 2 livres (750 g à 1 kg) pour 4 portions.
- **La conservation :** envelopper les bouts coupés dans des essuie-tout mouillés, les placer dans un sac de matière plastique et les mettre au réfrigérateur.
- Elles ne doivent être conservées qu'une journée ou deux tout au plus.

Asperges nature

J'ai l'impression que les asperges, de même que la rhubarbe et le rouge-gorge, sont les véritables signes avant-coureurs du printemps. Elles arrivent tout doucement en avril et durent jusqu'au début de juillet. Profitez-en à leur meilleur.

1 lb (500 g) d'asperges fraîches	**1/4 de c. à thé (1 mL) de sel**
2 c. à soupe (30 mL) de beurre	**le zeste râpé d'un quart de citron**

La préparation pour la cuisson
Casser la portion dure du bout de la tige, tenant l'asperge des deux mains et la pliant doucement pour déterminer où se termine la portion dure. Même si vous désirez les avoir toutes d'égale longueur, pour l'apparence, il faut commencer par casser les bouts, puis les couper également avec un couteau. Rincer les asperges coupées à l'eau froide courante. Il faut les rincer très bien, car le sable s'accumule souvent sous les petites écailles. Ne pas les laisser tremper dans l'eau. Ne pas les assécher après les avoir lavées.
Disposer les asperges dans un plat long en matière plastique Micro-Dur ou en verre, en alternant les têtes et les tiges dans le plat, ou dans une assiette à tarte en verre avec les têtes au centre et les tiges vers l'extérieur. N'ajouter ni sel ni eau.
Recouvrir d'un couvercle ou d'une feuille de papier ciré. Faire cuire aux micro-ondes de 6 à 7 minutes, selon la grosseur. Laisser reposer 2 minutes, couvertes.
Mettre dans un petit plat le beurre, le sel et le zeste de citron. Faire fondre 1 minute à « HIGH ». Verser sur les asperges et servir.

Pour servir les asperges comme entrée ou pour le déjeuner, les préparer et les faire cuire selon la règle pour les asperges nature, puis les laisser refroidir à la température ambiante.
Les arroser d'une vinaigrette et les saupoudrer d'oeufs cuits dur râpés, de câpres et d'un soupçon de muscade.

Note : Pour faire cuire 2 livres (1 kg) d'asperges, utiliser un plat plus grand et faire cuire de 10 à 12 minutes à « HIGH ».

Asperges amandine

Elles sont parfaites à servir avec poulet ou veau rôti, ou comme entrée.

1 lb (500 g) d'asperges fraîches

sel et poivre au goût

**1/4 de tasse (60 mL) d'amandes blanchies,
en filets**

3 c. à soupe (50 mL) de beurre

Préparer les asperges et les faire cuire aux micro-ondes, tel qu'indiqué pour les asperges nature. Ajouter sel et poivre au goût après la cuisson.
Mettre les amandes et le beurre dans un petit plat. Faire cuire aux micro-ondes de 2 à 3 minutes, en remuant deux fois. Lorsqu'elles sont dorées, les verser sur les asperges cuites.

Asperges à la hollandaise

Un délicieux déjeuner printanier servi avec un morceau de fromage suisse et de pain français chaud.

1 lb (500 g) d'asperges fraîches

3 à 4 oeufs cuits dur

sel et poivre au goût

une pincée de muscade

un bol de beurre fondu

Préparer les asperges et les faire cuire tel qu'indiqué pour les asperges nature.
Pour les servir, mettre une portion sur chaque assiette réchauffée. Couper les oeufs en quatre et les disposer joliment autour des asperges.
Mélanger le sel, le poivre et la muscade. En saupoudrer au goût sur les asperges. Passer le bol de beurre fondu pour que chacun se serve à son goût.

Asperges à l'italienne *(photo p. 16-17 verso en haut)*

Un plat de déjeuner favori du répertoire de la cuisine italienne classique. Lorsque j'ai adapté cette recette à la cuisson aux micro-ondes, j'ai constaté que le vert brillant et la délicieuse saveur du plat cuisiné étaient encore plus prononcés que selon la cuisson conventionnelle.

2 lb (1 kg) d'asperges fraîches

1/4 de tasse (60 mL) d'eau

1/4 de tasse (60 mL) de beurre

1 boîte de 7½ oz (213 mL) de sauce tomate

1/4 de c. à thé (1 mL) de sucre

1/2 c. à thé (2 mL) de basilic

1 tasse (250 mL) de fromage suisse râpé

Préparer les asperges tel qu'indiqué pour les asperges nature. Placer les bouts de tiges coupés dans un plat avec l'eau et le beurre. Couvrir et faire cuire 4 minutes à « HIGH ». Laisser reposer 15 minutes. Égoutter, en réservant l'eau.

Mettre les asperges dans un plat de cuisson de 10 x 6 pouces (25 x 15 cm) en disposant les têtes au centre du plat et les tiges dures sur les bords du plat. Saupoudrer de sucre et de basilic. Verser l'eau réservée sur les asperges, ajouter la sauce tomate. Saupoudrer le tout du fromage râpé. Couvrir le plat de son couvercle ou de papier ciré. Faire cuire 4 minutes à « HIGH ».

C'est un plat attrayant servi avec des coquilles de pâte cuites, beurrées et saupoudrées de persil frais finement haché.

Asperges Teriyaki

Des asperges fraîches ou surgelées, du céleri croquant, des amandes, des châtaignes d'eau sont combinés pour faire ce plat inusité.

2 c. à soupe (30 mL) de beurre

2 c. à soupe (30 mL) d'amandes tranchées

1 lb (500 g) d'asperges fraîches ou
  1 paquet de 10 oz (300 g) d'asperges surgelées

1/2 tasse (125 mL) de céleri, tranché en diagonale

1 boîte [5 oz (142 g)] de châtaignes d'eau tranchées (facultatif)

1 c. à soupe (15 mL) de sauce de soja*

Mettre le beurre et les amandes dans une casserole de 4 tasses (1 L). Faire cuire à découvert à « HIGH » de 2 à 3 minutes ou jusqu'à ce que les amandes soient dorées, les remuant de temps à autre durant la cuisson. Retirer les amandes avec une cuillère perforée, les mettre de côté.

Au beurre qui reste dans le plat, ajouter les asperges fraîches ou surgelées, le côté glacé sur le dessus pour les asperges surgelées, le céleri et les châtaignes d'eau bien égouttés. Faire cuire couvert à « HIGH » 7 à 8 minutes, en remuant deux fois après la mi-cuisson. Ajouter en brassant la sauce de soja et les amandes. Couvrir, laisser reposer 10 minutes.

* *Si possible, je recommande l'emploi de la sauce de soja japonaise Kikkoman.*

Quiche aux asperges, sans pâte

Servir chaude ou à la température de la pièce. Un délicieux déjeuner accompagné d'une salade d'endives ou de laitue.

1 c. à soupe (15 mL) de beurre

1 gros oignon pelé et tranché mince

1 lb (500 g) d'asperges coupées en bouts d'un pouce (2,5 cm)

1/2 tasse (125 mL) de fromage cheddar râpé

4 oeufs

1/2 c. à thé (2 mL) d'estragon séché

1 c. à soupe (15 mL) de beurre fondu

1/2 tasse (125 mL) de chapelure de pain de blé entier

Faire fondre le beurre dans une assiette à tarte en céramique de 9 pouces (22,5 cm), 1 minute à « HIGH ». Ajouter l'oignon, bien remuer, faire cuire 2 minutes à « HIGH ».
Laisser tomber les asperges coupées sur les oignons. Remuer ensemble, recouvrir l'assiette d'un couvercle ou d'un papier ciré, faire cuire 4 minutes à « HIGH ». Saupoudrer le fromage râpé sur le tout.
Battre les oeufs, ajouter l'estragon et verser sur les asperges. Faire fondre le beurre 1 minute à « HIGH », ajouter la chapelure. Verser sur les oeufs.
Mettre l'assiette à tarte sur une claie, faire cuire à « MEDIUM-HIGH » de 12 à 15 minutes jusqu'à ce que la quiche soit gonflée et cuite.
Note : Le temps de cuisson peut varier selon que les oeufs sont plus ou moins froids.

L'aubergine

L'aubergine est aussi attrayante qu'elle est délicieuse. Elle appartient à la famille des tomates et à celle des pommes de terre. Il semble qu'elle soit originaire de la Chine et de l'Inde. Sa forme et sa couleur peuvent varier. Celle que nous connaissons le mieux est l'aubergine ovale de couleur violette. Elle est de cuisson facile et, aux micro-ondes, sa saveur est parfaite.

- Choisir une aubergine ferme, assez lourde pour sa grosseur, dont la peau est lisse et brillante sans taches de rouille.
- Elle se conserve de 5 à 6 jours en parfait état placée dans un sac de matière plastique non fermé, dans le bac à légumes du réfrigérateur.
- 1 livre (500 g) équivaut à 1 grosse aubergine ou 3 tasses (750 mL) d'aubergine cuite, pour servir 4 portions.
- Bien qu'elle soit disponible presque toute l'année, on la trouve en abondance de juillet à septembre.

Aubergine nature

Cuisson de base

Lorsque l'aubergine est jeune et très fraîche, il n'est pas nécessaire de l'éplucher. Si la recette le demande, il faut l'éplucher. L'aubergine s'oxyde très rapidement, il faut donc attendre au moment de la cuisson pour l'éplucher et la trancher ou la couper en dés, ou bien la frotter avec du jus de citron frais.

Manière de faire dégorger l'aubergine

Certaines recettes demandent de faire dégorger l'aubergine avant la cuisson, afin de lui faire rendre son excès d'eau naturelle.

Voici la façon de procéder : Trancher ou couper en dés l'aubergine pelée ou non pelée, selon la recette choisie. Lorsque l'aubergine est tranchée, disposer les tranches les unes à côté des autres dans une assiette et les saupoudrer de sel; lorsque coupée en dés, ajouter le sel et remuer dans un bol. 1 c. à soupe (15 mL) de sel suffit pour une aubergine.

Laisser reposer 20 à 30 minutes à la température de la pièce. Rincer rapidement à l'eau froide courante et éponger le mieux possible avec des essuie-tout. Apprêter alors selon la recette choisie.

Aubergine en crème

Un plat simple, rapide, attrayant et si bon !

1 grosse aubergine	**4 à 6 oignons verts hachés fin**
3 c. à soupe (50 mL) de beurre	**sel et poivre au goût**
1 tasse (250 mL) de crème sure commerciale	**le zeste râpé d'un demi-citron**

Peler, couper en dés et faire dégorger l'aubergine tel qu'indiqué pour l'aubergine nature. Lorsque prête, la rincer à l'eau froide courante, l'éponger avec des essuie-tout.
Faire fondre le beurre dans un plat pour cuisson aux micro-ondes de 6 tasses (1,5 L), 1 minute à « HIGH ». Ajouter les dés d'aubergine au beurre fondu, remuer pour bien mélanger. Couvrir et faire cuire 5 minutes à « HIGH ». Remuer et ajouter la crème sure, les oignons verts et le zeste de citron râpé. Remuer pour bien mélanger. Faire cuire 3 minutes à « MEDIUM-HIGH ». Servir chaud ou froid.

Aubergine au fromage

Une amie italienne, qui vit en Ontario, a adapté cette recette du sud de l'Italie à la cuisine canadienne. Elle emploie le cheddar fort. Celui de l'Ontario est le meilleur.

2½ tasses (625 mL) d'aubergine pelée et coupée en dés	**1 c. à thé (5 mL) de basilic**
1 c. à soupe (15 mL) d'eau ou de vin blanc	**1 c. à soupe (15 mL) de beurre fondu**
15 à 18 biscuits soda, émiettés	**1/2 c. à thé (2 mL) de sucre et autant de sel**
1/2 tasse (125 mL) de fromage cheddar fort, râpé	**1/4 de c. à thé (1 mL) de poivre**
1/4 de tasse (60 mL) de céleri haché fin	**1/2 tasse (125 mL) de crème**
	1 c. à soupe (15 mL) de fécule de maïs

Mettre l'aubergine dans un plat pour cuisson aux micro-ondes. Ajouter l'eau ou le vin blanc. Couvrir et faire cuire 4 minutes à « HIGH ». Bien égoutter et mettre de côté.
Mélanger le reste des ingrédients. Ajouter à l'aubergine. Remuer pour bien mélanger. Couvrir et faire cuire à « HIGH » 8 à 9 minutes. Laisser reposer 3 à 4 minutes, remuer et servir.

Aubergine à l'italienne

L'aubergine est l'un des légumes de très forte consommation en Italie. La cuisson varie dans chaque partie du pays. La recette suivante est une préférée du nord de l'Italie.

2 c. à soupe (30 mL) d'huile d'olive

1 tasse (250 mL) d'oignons finement hachés

1 boîte de 28 onces (796 mL) de tomates

1/2 c. à thé (2 mL) de thym et autant de basilic

1 grosse gousse d'ail finement hachée

1 c. à soupe (15 mL) de sucre

1/4 de c. à thé (1 mL) de sel

1 grosse aubergine ou 2 moyennes

6 à 7 tranches de fromage doux canadien ou de gruyère

Mettre l'huile et les oignons dans un plat de 4 tasses (1 L), remuer jusqu'à ce que les oignons soient bien enrobés d'huile, couvrir et faire cuire à « HIGH » 4 minutes.

Égoutter les tomates, réservant le liquide. Hacher les tomates, si nécessaire, ajouter aux oignons et remuer pour bien mélanger. Ajouter le thym, le basilic, l'ail, le sucre et le sel. Remuer et faire cuire à « HIGH » 8 à 9 minutes, ou jusqu'à ce que le tout soit crémeux.

Peler et trancher l'aubergine, couper chaque tranche en deux. Saupoudrer légèrement de sel et placer sur des essuie-tout pour 20 minutes. Passer à l'eau froide, éponger, brosser chaque tranche des deux côtés avec la même huile que celle qui a servi à fondre les oignons.

Dans un plat de 12 sur 9 pouces (30 sur 22,5 cm), étendre un rang d'aubergine. Recouvrir de la moitié de la sauce aux tomates et de la moitié du fromage. Ajouter le reste de l'aubergine, couvrir du reste de la sauce aux tomates et du fromage. Mesurer 1/4 de tasse (60 mL) du jus retiré des tomates et verser sur le tout. Ne pas couvrir. Faire cuire à « HIGH » de 10 à 12 minutes. Laisser reposer 5 minutes et servir. J'aime servir ce plat à l'italienne avec un plat de petites pâtes brassées avec de l'huile d'olive ou du beurre et de la ciboulette ou du persil haché.

Casserole d'aubergine

Pour faire de cette casserole un repas sans viande, la servir avec des nouilles ou du riz persillé — cuit dans le consommé de poulet. Elle est aussi délicieuse avec le poulet rôti, pour remplacer les pommes de terre.

1 aubergine moyenne ou 2 petites

2 c. à soupe (30 mL) de farine

1/2 tasse (125 mL) de chapelure fine

1 c. à thé (5 mL) de sucre

1/2 c. à thé (2 mL) de basilic

1 c. à thé (5 mL) de sel

1/4 de c. à thé (1 mL) de poivre

3 c. à soupe (50 mL) de margarine ou de beurre fondu

1 tasse (250 mL) de sauce tomate aux champignons

Peler l'aubergine et la trancher mince. Mélanger la farine, la chapelure, le sucre, le basilic, le sel et le poivre.

Tremper chaque tranche d'aubergine dans un peu de lait, puis la rouler dans le mélange de chapelure. Disposer en couches dans un plat ovale ou dans un plat Corning de 10 pouces (25 cm). Saupoudrer chaque tranche de margarine ou de beurre fondu. Verser la sauce tomate autour du plat sans en mettre au centre. Couvrir. Faire cuire 6 minutes à « HIGH ». Laisser reposer 1 minute et servir.

Tranches d'aubergine au four à convexion

Voici une excellente recette rapide et facile, si votre four à micro-ondes comporte le système convexion.

1 aubergine moyenne pelée, tranchée 1/2 po (1,25 cm) d'épaisseur

1/2 tasse (125 mL) de mayonnaise (non sucrée)

1/2 c. à thé (2 mL) de basilic ou de thym

2 oignons verts hachés fin

1 tasse (250 mL) de chapelure fine de biscuits soda

1/2 tasse (125 mL) de cheddar râpé

Mettre les tranches d'aubergine dans une grande assiette. Saupoudrer chaque tranche copieusement de sel. Laisser reposer 20 minutes, puis éponger chaque tranche pour l'assécher.
Mélanger la mayonnaise et les oignons verts, le basilic ou le thym. Étendre ce mélange sur les deux côtés des tranches. Mélanger dans une grande assiette le fromage râpé et la chapelure, y passer chaque tranche. Les disposer sur une plaque à biscuits ou dans deux assiettes à tarte. Mettre sur la grille dans la partie convexion du four à micro-ondes. Faire cuire 20 minutes à 375° F (190°C). Servir aussitôt prêt.

La ratatouille

L'accompagnement par excellence à servir avec toutes les viandes, chaudes ou froides. Il ne faut pas visiter le sud de la France sans y manger de la ratatouille.

1/4 de tasse (60 mL) d'huile d'olive ou végétale

2 gousses d'ail hachées fin

2 oignons moyens tranchés mince

2 aubergines moyennes taillées en bâtonnets

6 zucchini moyens non pelés, tranchés mince

2 piments verts, en dés

2 c. à thé (10 mL) de sel

1 c. à thé (5 mL) de thym

1 c. à thé (5 mL) de sucre

1/2 c. à thé (2 mL) de basilic

Verser l'huile dans un plat de 8 tasses (2 L). Chauffer 2 minutes à « HIGH ». Ajouter l'ail et les oignons, bien remuer, faire cuire 3 minutes à « HIGH ». Remuer.
Ajouter les aubergines, les zucchini, les piments verts, bien remuer. Faire cuire 3 minutes à « HIGH ».
Ajouter le reste des ingrédients, remuer pour bien mélanger. Couvrir et faire cuire à « MEDIUM » 8 à 9 minutes. Laisser reposer 10 minutes. Remuer. Servir chaude ou verser dans un plat en céramique, couvrir lorsque refroidie et réfrigérer. La ratatouille se conserve de 8 à 10 jours et peut être servie froide comme une marinade. Je préfère la sortir du réfrigérateur une heure ou plus avant de la servir.
Un supplément : Si vous aimez la pizza et que vous faites votre propre pâte ou que vous l'achetez cuite mais non garnie, voici comment préparer une « pizza ratatouille », très populaire dans le sud de la France.
Préparer la ratatouille selon la recette précitée. Refroidir. En étendre une couche épaisse sur la pâte à pizza. Recouvrir d'une tasse (250 mL) de fromage gruyère râpé ou saupoudrer copieusement de fromage parmesan. Servir.
Pour la servir chaude, la mettre sur le plateau de votre four à micro-ondes. Réchauffer 3 minutes à « MEDIUM », juste au moment de servir.

Caviar d'aubergine *(photo p. 16-17 verso en bas)*

Une trempette presque universellement renommée, elle est facile à préparer et toujours populaire. J'aime l'accompagner de grosses croustilles chaudes de pommes de terre ou de maïs.

1 grosse aubergine non pelée

1/2 tasse (125 mL) d'huile d'olive ou autre à votre choix

1 oignon moyen haché fin

1 piment vert haché fin

1 grosse gousse d'ail hachée fin

1/2 c. à thé (2 mL) de sel

1/4 de c. à thé (1 mL) de poivre

2 c. à soupe (30 mL) de vin ou de vermouth blanc ou
1 c. à soupe (15 mL) de vinaigre de vin

Laver l'aubergine, l'éponger, la mettre sur une grille pour cuisson aux micro-ondes. Faire cuire 20 minutes à « MEDIUM-HIGH ». Laisser reposer 15 minutes, puis peler et couper en petits dés. Mettre l'huile dans un plat, ajouter l'oignon, le piment vert et l'ail. Remuer pour bien mélanger. Faire cuire à « HIGH » 6 ou 7 minutes, en remuant après 4 minutes de cuisson.

Ajouter le reste des ingrédients. Remuer pour bien mélanger. Faire cuire à « HIGH » 5 ou 6 minutes ou jusqu'à léger épaississement. Bien remuer. Verser dans un joli bol, refroidir, couvrir et réfrigérer jusqu'au moment d'utiliser comme trempette avec tout légume ou des bâtonnets de fromage doux, à votre choix.

La betterave

La betterave est un légume généreux qui nous donne non seulement un beau légume rouge foncé, mais aussi ses belles feuilles fraîches si bonnes et malheureusement si souvent ignorées.

L'achat
Choisir des betteraves d'égale grosseur avec des feuilles fraîches. L'uniformité est importante, car de grosses betteraves et de petites betteraves demandent à être cuites en deux lots, si elles doivent être consommées « simplement cuites et au beurre ».

Betteraves nature

La cuisson
Dans la cuisson conventionnelle, il faut laisser la racine et environ 2 pouces (5 cm) de tige. Pour la cuisson aux micro-ondes, les tiges et les racines peuvent être coupées au ras de la betterave.
Brosser les betteraves, les laver à l'eau courante, et elles sont prêtes à la cuisson.
Mettre 6 à 8 betteraves d'égale grosseur dans un bol de 8 tasses (2 L). Recouvrir d'eau froide pour en avoir au moins 2 pouces (5 cm) au-dessus des betteraves. Couvrir et faire cuire 20 minutes à « HIGH », remuer, vérifier la cuisson avec la pointe d'un petit couteau. Les petites betteraves ou celles qui proviennent directement du jardin devraient alors être cuites, mais les betteraves d'hiver prennent généralement 20 minutes de plus à « HIGH ». Vérifier de nouveau.
Égoutter les betteraves aussitôt cuites, les mettre dans un bol d'eau froide et enlever la pelure en les roulant dans vos deux mains, en pressant un peu si nécessaire.

Betteraves Harvard *(photo ci-contre)*

Une recette favorite en Amérique du Nord, avec des betteraves fraîchement cuites. Elles peuvent toutefois être cuites aux micro-ondes le matin et réchauffées, couvertes, 3 minutes à « MEDIUM-HIGH » au moment de servir.

3 à 4 tasses (750 mL à 1 L) de betteraves
    cuites, tranchées

4 c. à thé (20 mL) de fécule de maïs

1/3 de tasse (80 mL) de sucre

1/3 de tasse (80 mL) de vinaigre de cidre

1/3 de tasse (80 mL) d'eau

3 c. à soupe (50 mL) de beurre

sel et poivre au goût

Faire cuire 6 à 8 betteraves moyennes, tel qu'indiqué pour les betteraves nature. Lorsque cuites et tranchées, les mettre dans un plat de cuisson.
Mélanger dans un bol la fécule de maïs et le sucre. Ajouter le reste des ingrédients, bien mélanger et faire cuire 3 minutes à « MEDIUM-HIGH » ou jusqu'à mélange crémeux et transparent. Verser sur les betteraves. Remuer pour bien mélanger le tout.
Faire cuire 1 minute à « HIGH » au moment de servir.

Jeunes betteraves à la crème sure

Une amie polonaise m'a enseigné cette recette, et je la fais maintenant chaque fois que je fais rôtir un gros poulet.

6 à 9 betteraves moyennes, cuites

3 c. à soupe (50 mL) de beurre

2 c. à soupe (30 mL) de jus de citron

sel et poivre au goût

1/4 de c. à thé (1 mL) de muscade

1 c. à soupe (15 mL) de miel

4 oignons verts, finement hachés

1/2 à 3/4 de tasse (125 à 190 mL)
    de crème sure

Peler et râper les betteraves cuites. Les mettre dans un plat de 4 tasses (1 L), ajouter le reste des ingrédients. Remuer pour bien mélanger. Au moment de servir, couvrir et faire cuire 5 minutes à « MEDIUM », en remuant après 3 minutes de cuisson.

Betteraves Harvard ➡

Betteraves à l'orange

Peler et râper des betteraves crues est quelque peu salissant pour les mains, mais la recette se fait rapidement et le résultat en vaut bien la peine. Se laver les mains avec du citron pour les nettoyer.

4 betteraves moyennes

1/4 de tasse (60 mL) de jus d'orange frais

le zeste râpé d'une demi-orange

1 c. à soupe (15 mL) de beurre

sel et poivre au goût

Peler et râper les betteraves crues. Les mettre dans un plat de cuisson à micro-ondes de 4 tasses (1 L). Ajouter les reste des ingrédients, couvrir et faire cuire 4 minutes à « HIGH ». Mélanger. Laisser reposer 5 minutes et servir.
Variante : Ajouter 1 tasse (250 mL) de raisins verts entiers aux betteraves râpées. Faire cuire le même temps que ci-dessus. Parfait accompagnement du rôti de porc et du canard.

Les betteraves de grand-mère

Une autre façon de faire cuire des betteraves crues râpées. Le plat tout choisi pour servir avec du gibier, de la saucisse ou du foie.
Avec un robot culinaire, le râpage des betteraves, de la pomme et des oignons se fait rapidement et aisément.

4 betteraves moyennes, pelées

1 grosse pomme, non pelée

2 oignons moyens, pelés et tranchés

3 c. à soupe (50 mL) de beurre

3 c. à soupe (50 mL) d'eau

1/4 de c. à thé (1 mL) de quatre-épices

Peler et râper les betteraves crues, la pomme et les oignons. Ajouter le beurre, l'eau et le quatre-épices. Mettre dans un plat de cuisson à micro-ondes avec couvercle. Faire cuire 5 minutes à « HIGH ». Remuer, saler et poivrer au goût et faire cuire 2 minutes de plus à « HIGH ». Laisser reposer 5 minutes. Remuer et servir.

Betteraves marinées

La plupart d'entre nous aimons avoir en réserve un bocal ou deux de betteraves marinées. Rien n'est plus facile à faire.
- Faire cuire les betteraves tel qu'indiqué pour les betteraves nature.
- Mettre les petites betteraves dans un bocal. Trancher les plus grosses et les mettre dans un autre bocal.
- Les arroser toutes de vinaigre blanc de qualité, les recouvrant complètement. Saupoudrer le dessus de chaque bocal d'une c. à thé (5 mL) ou d'une c. à soupe (15 mL) de sucre, selon votre préférence pour des betteraves plus ou moins sucrées.
Variantes : Mettre une tête d'aneth frais sur le côté du bocal, après avoir ajouté le vinaigre, ou remplacer l'aneth par une grosse gousse d'ail pelée et coupée en deux, ou par 4 clous ronds de quatre-épices.
Couvrir le bocal et conserver dans un endroit frais. Il n'est pas nécessaire de les réfrigérer avant que les bocaux ne soient ouverts. Vous assurer que les betteraves sont bien recouvertes de vinaigre.

←À droite en bas: Choux de Bruxelles au beurre doré (p. 62)
←À gauche: Vert sur vert (p. 44)
←À droite en haut: C.C.O. (p. 39)

Les feuilles de betteraves

Lorsque vous achetez des betteraves, choisissez-les avec des belles feuilles vertes bien fraîches qui sont délicieuses cuites ou utilisées crues en salade.

Les feuilles de 5 à 8 betteraves

1 c. à soupe (15 mL) de beurre

le zeste râpé d'une lime ou d'un citron

1/2 c. à thé (2 mL) de sucre

sel et poivre au goût

Enlever les tiges dures des feuilles de betteraves. Laver les feuilles à l'eau froide courante.
Faire fondre le beurre au four à micro-ondes 30 secondes à « HIGH ». Ajouter le zeste râpé et le sucre.
Mélanger, ajouter les feuilles, bien remuer, couvrir et faire cuire 3 minutes à « HIGH ». Bien remuer, saler et poivrer au goût.
Variante : Saupoudrer d'une pincée de muscade.

Feuilles de betteraves en crème
Procéder tel que ci-dessus pour la cuisson et ajouter 1 c. à thé (5 mL) de fécule de maïs en ajoutant les feuilles de betteraves. Bien mélanger. Ajouter 1 c. à soupe (15 mL) de crème. Remuer de nouveau.
Couvrir et faire cuire 3 minutes à « HIGH ». Saler et poivrer au goût, remuer pour que le tout soit bien mélangé et crémeux.
Une suggestion : J'aime ajouter mes feuilles de betteraves à 1 livre (500 g) d'épinards et les faire cuire ensemble 4 minutes à « HIGH », en procédant comme pour les feuilles de betteraves en crème.

Le brocoli

Le brocoli est une plante de la famille du chou. À l'achat, rechercher le brocoli dont la tête est lourde et remplie de bourgeons compacts et fermés. Éviter le brocoli dont les bourgeons s'ouvrent ou jaunissent.

Brocoli nature *(photo p. 48-49 recto)*

La préparation
Il faut d'abord enlever les feuilles sur le dessus. On peut séparer les têtes et les tiges pour la cuisson.

La cuisson
Il est facile de faire cuire le brocoli à la perfection aux micro-ondes. Le succès dépend de la disposition du légume.
Couper les têtes près de la tige, les placer au centre d'un plat pour micro-ondes (Micro-Dur) long, peler les tiges, les trancher en diagonale et les mettre aux deux extrémités du plat.
Si votre four à micro-ondes a le cycle « auto-senseur », il cuira le brocoli à la perfection. Consulter le manuel de votre four pour les instructions.
Ou placer les têtes au centre du plat et les tiges coupées autour du plat;
Ou préparer et faire cuire une bonne quantité de brocoli, servir les têtes à un repas et les tiges entières ou tranchées une autre fois;
Ou faire cuire les tiges entières, lavées et pelées, en faisant des incisions ici et là avec la pointe d'un couteau. Elles cuiront d'un beau vert foncé et seront très tendres.
- Si les têtes et les tiges de brocoli sont hachées pour être cuites ensemble, les bien mélanger, ajouter
1/4 de tasse (60 mL) d'eau et 1/2 c. à thé (2 mL) de sucre, couvrir et faire cuire à « HIGH »
7 à 9 minutes selon la quantité. Remuer deux fois durant la période de cuisson et vérifier la cuisson avec la pointe d'un couteau.

Brocoli Californie

Il y a une grande affinité entre le brocoli frais et le jus d'orange frais. Il semble toutefois qu'on le prépare rarement de cette façon.

1 lb (500 g) de brocoli

2 c. à soupe (30 mL) de beurre ou de margarine

2 c. à soupe (30 mL) de farine

1 tasse (250 mL) de jus d'orange *frais*

une pincée de sel

Préparer le brocoli tel qu'indiqué pour le brocoli nature.

Le mettre dans un plat à cuisson pour micro-ondes, l'arroser de 3 c. à soupe (50 mL) du jus d'orange frais, couvrir et faire cuire de 6 à 9 minutes à « HIGH ». Le temps varie selon la façon dont le brocoli est coupé.

Faire fondre le beurre ou la margarine dans un bol 1 minute à « HIGH ». Y brasser la farine, mélanger, ajouter le jus d'orange, bien remuer. Faire cuire à « HIGH » 3 à 4 minutes, en remuant une fois, pour un mélange crémeux et transparent. Saler et brasser. Égoutter le brocoli et recouvrir de la sauce.

Brocoli Italiano

Ce plat m'a été servi pour la première fois à Florence. Il est attrayant et savoureux. Il est aussi facile à apprêter si vous préparez les ingrédients de la sauce pendant la cuisson du brocoli pour la faire cuire durant la période d'attente.

La méthode florentine de servir ce brocoli est de l'accompagner de fines nouilles bouillies et d'un bol de fromage râpé de votre choix.

1 lb (500 g) de brocoli frais

1/4 de tasse (60 mL) d'eau

2 c. à soupe (30 mL) de beurre

4 oignons verts émincés

1 piment vert, en dés

le zeste râpé d'un citron

2 c. à soupe (30 mL) de jus de citron

1/2 c. à thé (2 mL) de basilic

sel et poivre au goût

Préparer le brocoli pour répondre à vos exigences, tel qu'indiqué pour le brocoli nature. Le mettre dans un plat à cuisson pour micro-ondes. Ajouter l'eau. Faire cuire, couvert, 6 à 8 minutes à « HIGH » ou jusqu'à ce qu'il soit croquant mais tendre. Vérifier la cuisson.

Le retirer du four à micro-ondes, le laisser reposer 3 minutes, couvert.

Pour faire la sauce : Faire fondre le beurre dans une tasse à mesurer, 30 secondes à « HIGH ». Ajouter les oignons verts, remuer pour bien les enrober de beurre. Faire cuire 1 minute à « HIGH », ajouter le reste des ingrédients, remuer pour mélanger. Verser sur le brocoli. Vérifier l'assaisonnement. Faire chauffer 1 ou 2 minutes à « HIGH », servir.

Brocoli à la chinoise

La méthode orientale de cuisson des légumes semble s'attirer de plus en plus d'adeptes. Le brocoli dans cette recette peut facilement être remplacé par un autre légume vert. C'est un exemple de plus à l'appui de cette façon de faire cuire les légumes pour leur conserver leur belle couleur verte et leur délicate saveur.

1 lb (500 g) de brocoli

3 c. à soupe (50 mL) d'huile végétale

1 petit oignon, en dés

2 c. à soupe (30 mL) de sauce de soja ou Teriyaki

1/2 c. à thé (2 mL) de sucre

1/2 tasse (125 mL) de consommé de poulet

2 c. à thé (10 mL) de fécule de maïs

Couper les tiges de brocoli en diagonale par de longues coupures et briser les têtes en petits bouquets. Dans un plat à cuisson pour micro-ondes de 8 sur 12 pouces (20 sur 30 cm), faire chauffer l'huile végétale 30 secondes à « HIGH », ajouter l'oignon et faire cuire, couvert, 3 à 4 minutes à « HIGH ». Ajouter le brocoli, remuer pour bien enrober d'huile et d'oignon. Faire cuire 4 minutes à « HIGH », en remuant deux fois. Mélanger le reste des ingrédients, les ajouter au brocoli, remuer. Faire cuire 2 minutes à « MEDIUM-HIGH », bien mélanger. La sauce sera crémeuse et quelque peu transparente. Sinon, faire cuire encore 1 minute à « HIGH ». Vérifier l'assaisonnement. Servir.

La carotte

Un autre très vieux légume à racine. Il était cultivé en Chine dès l'an 1200. Il est reconnu pour sa teneur en vitamine A.

Rechercher les carottes à surface lisse, car il y a moins de perte lorsqu'on les pèle ou les gratte. Éviter les carottes molles, et lorsqu'elles sont vendues dans des sacs, s'assurer qu'elles sont d'égale longueur et de même grosseur.

Carottes nature

Un sac d'environ une livre (500 g) de carottes de 7 à 8 pouces (17,5 à 20 cm) donnera environ 2 tasses de carottes pelées et tranchées et servira de 4 à 5 portions.

La préparation

Les petites carottes entières, fraîches du jardin ou achetées dans des sacs de matière plastique comme on les vend maintenant.

- Brosser les jeunes carottes ou celles cueillies au jardin avec une brosse rigide, sous l'eau froide courante. Il n'est pas nécessaire de les peler. Les carottes fraîches du jardin cuiront plus vite que celles qui sont achetées.
- Les carottes plus grosses, ou plus vieilles ou d'hiver, doivent être pelées avec un couteau-éplucheur et mises à tremper 10 minutes à l'eau froide avant la cuisson, car les carottes d'hiver sont plus fibreuses et ont tendance à s'assécher et à durcir à la cuisson.

La cuisson des carottes longues ou courtes

- Les peler avec un couteau-éplucheur, et les mettre dans un plat d'eau froide au fur et à mesure qu'elles sont pelées. Les laisser reposer 10 minutes.
- Utiliser un plat en long, si disponible. Mettre la moitié des carottes avec la grosse extrémité à un bout du plat et l'autre moitié avec l'extrémité mince à l'autre bout du plat.
- Ajouter 1/4 de tasse (60 mL) de liquide, eau ou consommé, ou vin blanc, ou lait, ou crème, ou jus de tomate ou de pomme, ou jus d'orange frais. Saupoudrer 1/2 c. à thé (2 mL) de sucre sur le tout. Couvrir avec le couvercle du plat ou une feuille de matière plastique.
- Faire cuire aux micro-ondes 1 livre (500 g) 7 à 9 minutes à « HIGH », selon la grosseur des carottes et la saison. Je recommande de vérifier la cuisson des carottes après cinq minutes avec la pointe d'un couteau (le passant à travers le papier plastique s'il est utilisé pour couvrir) et de les remuer.
- Si disponible, je saupoudre une herbe fraîche hachée sur les carottes préparées, soit 4 à 5 feuilles de basilic frais, haché fin, ou des graines d'aneth au goût, ou une tête d'aneth placée sur le dessus des carottes, ou de la menthe fraîche hachée avec une pincée de zeste de citron frais râpé, ou 1/2 c. à thé (2 mL) de miel à la place du sucre, ou 1/4 de tasse (60 mL) de persil frais haché.
- J'aime parfois remplacer l'eau par du jus de pomme ou du jus d'orange frais, ou encore du jus de canneberge.

C.C.O. *(photo p. 32-33 verso à droite en haut)*

C'est le nom par lequel ma famille désigne ce plat, un favori. Il signifie « carottes, céleri, oignon ». Nous avions l'habitude de le préparer sur la cuisinière, mais depuis que nous utilisons le four à micro-ondes, sa popularité s'est accrue.

5 carottes moyennes, tranchées mince	1 gros oignon haché
1 c. à soupe (15 mL) de beurre	1/2 c. à thé (2 mL) de sucre
1 tasse (250 mL) de céleri, en dés	le zeste râpé d'un demi-citron

Préparer les carottes tel qu'indiqué pour les carottes nature. Les couvrir d'eau froide, les laisser reposer 15 minutes, les égoutter. Mettre le beurre dans un plat de 6 tasses (1,5 L), le faire fondre 1 minute à « HIGH ». Ajouter les carottes, bien remuer et ajouter le reste des ingrédients. Remuer, couvrir et faire cuire 6 à 8 minutes à « HIGH », en remuant après 4 minutes de cuisson.
Aucun liquide n'est requis dans cette recette, d'où l'importance de faire tremper les carottes avant d'ajouter les autres ingrédients.

Carottes Devonshire

Une recette du répertoire anglais à servir avec l'agneau rôti ou le canard.

6 à 8 longues carottes pelées et tranchées mince	1 c. à thé (5 mL) de fécule de maïs
	sel et poivre au goût
1 c. à thé (5 mL) de sucre	le jus et le zeste râpé d'un demi-citron
1/2 tasse (125 mL) d'eau ou de consommé de poulet	2 c. à soupe (30 mL) de feuilles de menthe fraîche, hachées fin
2 c. à soupe (30 mL) de beurre	

Mettre les carottes, le sucre, l'eau ou le consommé dans un plat. Recouvrir du couvercle ou d'un papier de matière plastique. Faire cuire 6 à 8 minutes à « HIGH », en remuant deux fois durant la cuisson, après 3 minutes et 5 minutes de cuisson. Égoutter les carottes cuites en réservant le liquide. Mettre de côté.
Faire fondre le beurre 1 minute à « HIGH ». Y délayer la fécule de maïs, saler et poivrer au goût, ajouter l'eau ou le consommé de poulet égoutté des carottes. Remuer pour bien mélanger. Ajouter le jus et le zeste râpé de citron et la menthe hachée, mélanger. Faire cuire 2 minutes à « HIGH », remuer, ajouter les carottes, remuer et faire cuire 2 minutes à « MEDIUM-HIGH ». Servir.

Carottes glacées *(photo ci-contre)*

La façon française de glacer les carottes, un plat élégant à servir avec un bol de nouilles vertes beurrées et des foies de volaille sautés. Les grosses carottes d'hiver peuvent être utilisées.

1 lb (500 g) de grosses carottes

3 c. à soupe (50 mL) de beurre

1/3 de tasse (80 mL) d'eau

1/4 de tasse (60 mL) de cassonade pâle

2 c. à soupe (30 mL) de moutarde de Dijon

2 c. à soupe (30 mL) de persil émincé

3 oignons verts hachés fin

Peler les carottes et les trancher mince.
Faire fondre le beurre dans un plat de 4 tasses (1 L) 1 minute à « HIGH ». Ajouter les carottes et l'eau, bien mélanger, couvrir. Faire cuire 7 minutes à « HIGH ». Remuer et ajouter le reste des ingrédients. Remuer pour bien mélanger. Faire cuire, sans couvrir, 5 à 7 minutes à « MEDIUM », en remuant 2 ou 3 fois durant la cuisson. Servir.

Bâtonnets de carottes glacés

Des carottes légèrement sucrées, brillantes et tendres. Les servir avec le bifteck ou pour accompagner un rôti de veau ou de boeuf.

6 à 8 jeunes carottes, en bâtonnets

1/4 de tasse (60 mL) d'eau

1/2 c. à thé (2 mL) de cassonade

3 c. à soupe (50 mL) de beurre

1 c. à thé (5 mL) de cassonade

1/2 c. à thé (2 mL) de sel

Peler les carottes et les couper en bâtonnets. Les mettre dans un plat de 4 tasses (1 L). Ajouter l'eau et la demi-cuillerée à thé (2 mL) de cassonade. Remuer, couvrir et faire cuire 7 à 8 minutes à « HIGH ». Bien remuer après 5 minutes de cuisson. Ajouter le reste des ingrédients. Bien mélanger et faire cuire 4 minutes à « HIGH ». Remuer et servir.

Carottes glacées ⟶

Carottes glacées au sirop d'érable

Lorsqu'au printemps le sirop bouille dans la cabane à sucre et que les nouvelles carottes ne sont guère en abondance sur le marché, ces carottes glacées sont le choix par excellence.

6 à 8 carottes moyennes

1/2 tasse (125 mL) de jus d'orange frais

le zeste râpé d'une orange

3 c. à soupe (50 mL) de sirop d'érable

une pincée de macis ou de muscade

3 c. à soupe (50 mL) de beurre

Peler les carottes, les couper en bâtonnets.
Verser le jus d'orange dans un plat de cuisson pour micro-ondes de 4 tasses (1 L) et le faire chauffer 1 minute à « HIGH ». Ajouter les carottes et le zeste d'orange, remuer pour enrober les carottes de jus d'orange. Couvrir et faire cuire 8 à 9 minutes à « HIGH ». Remuer de nouveau, ajouter le reste des ingrédients. Faire cuire sans couvrir 3 minutes à « HIGH », en remuant après les 2 premières minutes de cuisson. Vérifier alors la cuisson, car certaines carottes pourraient être glacées et tendres après 2 minutes.

Carottes à l'orientale

La racine de gingembre frais et les amandes grillées ajoutent une touche d'élégance à ce plat. Le servir avec le poulet rôti ou les petites côtes de porc grillées.

1/4 de tasse (60 mL) de beurre

9 à 10 carottes moyennes, tranchées mince

1/4 de tasse (60 mL) d'amandes, en filets

1 c. à soupe (15 mL) de beurre

1/4 de tasse (60 mL) de crème légère

3 c. à soupe (15 mL) de cassonade

1 c. à soupe (15 mL) comble de racine de gingembre, râpée

1/4 de c. à thé (1 mL) de sel

Faire fondre le quart de tasse (60 mL) de beurre dans un plat de cuisson pour micro-ondes de 6 tasses (1,5 L), 2 minutes à « HIGH ». Ajouter les carottes. Remuer pour les bien beurrer. Couvrir le plat avec le couvercle ou un papier ciré. Faire cuire 8 minutes à « HIGH ». Remuer, mettre de côté, couvert.
Mettre les amandes dans un bol avec la c. à soupe (15 mL) de beurre. Faire cuire 1 minute à « HIGH », remuer et faire cuire à « HIGH » 1 ou 2 minutes jusqu'à ce que les amandes soient dorées.
Les ajouter aux carottes cuites. Remuer et ajouter le reste des ingrédients. Remuer pour bien mélanger le tout. Cela peut être fait d'avance, mais ne doit pas être réfrigéré. Au moment de servir, remuer et faire réchauffer 3 minutes à « HIGH ».

◄— À gauche: Haricots verts à la lyonnaise (p. 76)
◄— À droite: Épinards en crème à la française (p. 72)

Le céleri

Il semble que le céleri soit plutôt considéré comme un légume qui se mange cru. Vous serez peut-être étonné des nombreuses façons dont il se prête à la cuisson. Cuit ou cru, le pied de céleri tout entier peut servir; les feuilles finement hachées rehaussent la saveur d'une soupe, d'un ragoût, d'une salade de laitue ou de viande. Essayez quelques-unes des recettes suivantes et apprenez à le faire cuire.

Céleri nature

La conservation

Le céleri frais se consomme presque entièrement; il demande peu de cuisson. Voici ma façon de procéder pour le conserver frais de 2 à 3 semaines au réfrigérateur, dans un sac de matière plastique. Un pied de céleri d'un vert uniforme a plus de saveur et se conserve mieux que le céleri blanc.
Mettre tout le pied de céleri dans un sac de matière plastique après avoir enlevé un pouce (2,5 cm) des feuilles supérieures et toute branche défraîchie. Ne pas couper la partie inférieure de la racine qui aide à le conserver frais.
Je place parfois le pied de céleri sur une planche et j'en coupe les feuilles supérieures que je place dans un contenant de plastique. Bien couvertes, elles se conservent au réfrigérateur jusqu'à deux semaines. Les utiliser comme des herbes fraîches dans une salade, ou les ajouter à une soupe, un ragoût, une purée de pommes de terre, une farce, etc. Puis, pour avoir des dés de céleri, je prends la tête entière dont je rince à l'eau courante une longueur d'un pouce (2,5 cm) ou plus, selon les exigences; je la secoue fortement et je hache la quantité de céleri demandée dans la recette. Je remets le pied de céleri dans le sac au réfrigérateur. C'est ainsi que tout le céleri est utilisé à son meilleur.

La cuisson

Enlever du pied de céleri les branches requises, les couper en morceaux de 1 ou 2 pouces (2,5 ou 5 cm) ou en bâtonnets ou en dés, à votre gré. Se rappeler que pour la cuisson les grosses branches sont meilleures que le coeur, qui a plus de saveur lorsque consommé cru.
Mettre le céleri préparé dans un plat de cuisson pour micro-ondes avec 1 c. à thé (5 mL) d'eau pour 2 à 4 tasses (500 mL à 1 L) de bâtonnets ou de dés de céleri. Saupoudrer le tout d'une demi-cuillerée à thé (2 mL) de sucre. Couvrir et faire cuire de 4 à 8 minutes à « HIGH ». Égoutter et apprêter selon la recette. Si votre four est muni du dispositif « auto-senseur » avec le cycle de cuisson pour les légumes, utilisez-le. C'est presque de la magie. Vous effleurez la touche du « senseur » pour le cycle « Hard Vegetables » (légumes durs), et le tour est joué : le four à micro-ondes fait le travail de cuisson à la perfection. Au timbre sonore, le céleri est cuit.
Pour le manger cru, il n'y a qu'à couper les branches requises, les laver et les tailler en petits bouts ou en bâtonnets.
Note : Le liquide de la cuisson qui reste peut être ajouté à une soupe ou à une sauce blanche; il a beaucoup de saveur.

Céleri mijoté à la française

Ce céleri cuit est délicieux servi avec le poulet rôti. Un plat facile à faire et qui se réchauffe très bien sans que sa qualité n'en souffre.

5 à 6 branches de céleri, en dés

lait

1/2 tasse (125 mL) d'eau de cuisson
de pommes de terre*

2 c. à soupe (30 mL) de beurre

sel et poivre au goût

1/4 de tasse (60 mL) de fromage râpé
(facultatif)

Mettre le céleri préparé dans un bol, le recouvrir de lait. Laisser reposer 40 minutes. Ce qui précède peut être omis, mais la texture et la saveur seront moins délicates. Égoutter le céleri du lait après 40 minutes. Ce lait peut servir pour une sauce blanche ou être ajouté à une soupe. Il se conserve 3 à 4 jours couvert au réfrigérateur. Verser l'eau des pommes de terre sur le céleri, ajouter le beurre. Couvrir et faire cuire 15 minutes à « HIGH ». Saler et poivrer au goût. Servir.

* *L'eau de cuisson de pommes de terre donne une saveur particulière au céleri, mais n'est pas indispensable. À défaut, utiliser de l'eau courante.*

Céleri chaud croquant

Une très vieille recette anglaise. Il faut surtout éviter de le faire trop cuire; le secret est précisément de le garder croustillant.

6 à 8 branches de céleri

1/4 de tasse (60 mL) de consommé au choix

2 c. à soupe (30 mL) d'huile végétale

1 c. à thé (5 mL) de câpres, bien égouttées

1/4 de c. à thé (1 mL) d'estragon

sel et poivre au goût

1 c. à thé (5 mL) de vinaigre de vin ou de malt

Couper le céleri en diagonale, en petites tranches. Le mettre dans un plat de cuisson pour micro-ondes, y ajouter le consommé, bien remuer. Couvrir et faire cuire 3 minutes à « HIGH ». Le céleri doit demeurer croustillant. Égoutter, remettre le céleri dans le plat, y ajouter l'huile, les câpres, l'estragon, le sel et le poivre au goût. Couvrir et faire cuire 1 minute à « HIGH ». Verser dans un plat de service, ajouter le vinaigre de vin ou de malt. Remuer. Servir tiède ou froid, mais ne pas réfrigérer.

Céleri diablé

Une de mes cuissons préférées pour le céleri. Il importe d'utiliser une moutarde forte, telle que la Keen, la Dijon, ou autre.

4 tasses (1 L) de céleri, en dés

1/2 c. à thé (2 mL) de sucre

3 c. à soupe (50 mL) d'eau froide

2 c. à soupe (30 mL) de beurre

1 c. à thé (5 mL) de moutarde forte française ou anglaise

sel au goût

une pincée de muscade

Préparer le céleri tel qu'indiqué pour le céleri nature. Le mettre dans un plat, ajouter le sucre et l'eau froide. Faire cuire à « HIGH » 4 à 6 minutes, selon que les dés sont petits ou gros, ou faire cuire à l'auto-senseur au cycle des légumes durs. Lorsque cuit, bien l'égoutter. Faire fondre le beurre 1 minute à « HIGH ». Ajouter le reste des ingrédients au beurre fondu, remuer pour bien mélanger, ajouter le céleri cuit. Bien remuer. Faire cuire 1 minute à « HIGH ». Servir.

Vert sur vert *(photo p. 32-33 verso à gauche)*

Une méthode de cuisson du céleri du sud des États-Unis. Il est servi avec le poulet rôti. De préparation facile et rapide, je le sers souvent sur des nouilles bouillies et accompagné de fromage râpé.

1 cube de bouillon de boeuf

1/4 de tasse (60 mL) d'eau

4 branches de céleri, tranchées en diagonale

une pincée de thym et autant de sucre

2 c. à soupe (30 mL) de beurre

2 tasses (500 mL) de petits pois surgelés

1/4 de c. à thé (1 mL) de sel

Mettre dans un plat de 4 tasses (1 L) le cube de bouillon et l'eau. Faire cuire à « HIGH » 1 minute et 10 secondes. Bien remuer, ajouter le céleri, le thym, le sucre, le beurre et les petits pois. Bien remuer et couvrir, faire cuire 3 minutes à « HIGH ». Remuer et faire cuire encore 1 minute. Saler au goût et servir.

Le céleri-rave

Le céleri-rave tient son nom de sa saveur de céleri. C'est un légume à racine comme la carotte ou le navet, mais il est rond, de couleur crème, avec une pelure rugueuse. Il peut aussi être consommé cru en salade, haché comme le chou. Il est à son meilleur d'octobre à décembre.

L'achat
Il faut choisir des racines rondes, fermes et dures, de la grosseur d'un navet moyen. Le céleri-rave d'un poids de 1 à 1½ livre (500 à 750 g) est le meilleur et peut donner quatre bonnes portions ou cinq portions moyennes.

La conservation
Comme c'est un légume à racine, il peut être conservé de 3 à 4 semaines, simplement placé dans le bac à légumes du réfrigérateur. Il n'est pas nécessaire de le mettre dans un sac.

Céleri-rave nature

La préparation pour la cuisson
Au moment de le faire cuire, peler la racine en enlevant une pelure un peu plus épaisse que pour une carotte. Selon la recette, le couper en tranches, en bâtonnets petits ou gros. Il peut aussi être coupé en quatre ou cuit entier (voir la recette). Il a tendance à s'oxyder après l'épluchage, alors il ne faut le peler qu'au moment de la cuisson. Si une moitié seulement doit servir, la couper avant de la trancher, frotter la surface coupée avec une tranche de citron, la mettre dans un sac de matière plastique, la conserver au réfrigérateur et l'utiliser dans un délai de 6 à 10 jours.
Le céleri-rave — vous le constaterez dans les recettes ci-après — se prête de plusieurs façons à la cuisson. Il donne aussi une fine saveur lorsqu'il est ajouté (en dés) à une soupe.

Céleri-rave cuit entier aux micro-ondes

Une façon merveilleuse de faire cuire un céleri-rave entier aux micro-ondes, prêt à mettre en purée ou en dés, pour le servir avec une hollandaise ou simplement arrosé de beurre fondu avec le jus d'un demi-citron.

1 céleri-rave moyen

1/2 c. à thé (2 mL) de sel et autant de sucre

Peler le céleri-rave, mélanger le sel et le sucre dans une assiette, y rouler le céleri-rave, l'envelopper dans une feuille de matière plastique**. Le mettre sur une grille pour cuisson aux micro-ondes. Faire cuire à « HIGH » de 8 à 10 minutes, selon la grosseur du céleri-rave. Vérifier la cuisson avec la pointe d'un couteau passée à travers la feuille. Laisser reposer 10 minutes avant de développer.
Pour le servir, le développer et le rouler dans du beurre ramolli ou fondu et l'enrober de persil ou de ciboulette hachés; ou le piler avec du beurre pour le mettre en crème; ou encore le tailler en dés et l'ajouter à un ragoût.

Céleri-rave entier aux fines herbes

Ce n'est qu'au four à micro-ondes que j'ai réussi à faire cuire le céleri-rave entier ou en moitié, et scellé. Rien de meilleur pour accompagner le rôti d'agneau ou de boeuf.

un céleri-rave moyen*

2 c. à soupe (30 mL) de beurre

1 c. à soupe (15 mL) de persil frais

1 c. à soupe (15 mL) de basilic frais ou séché

1 c. à thé (5 mL) de sucre

le zeste râpé d'un demi-citron

Peler le céleri-rave. Mettre le beurre en crème avec le reste des ingrédients, et recouvrir le céleri-rave du mélange fines herbes. L'envelopper d'un papier de matière plastique**. Le mettre sur une grille pour cuisson aux micro-ondes. Placer la grille sur le plateau rotatif du four, s'il y en a un; sinon, la mettre dans une assiette à tarte ou un plat de cuisson qui doit être retourné trois fois durant la cuisson. Faire cuire à « HIGH » de 15 à 20 minutes, en vérifiant la cuisson avec la pointe d'un couteau après 15 minutes. La durée de cuisson peut varier de quelques minutes, plus ou moins, selon la grosseur du céleri-rave. Laisser reposer 10 minutes avant de développer. Au moment de servir, le développer, disposer sur un plat et saler au goût.

* Quelle que soit sa grosseur, le céleri-rave s'apprête de cette façon. Le temps de cuisson peut être augmenté ou diminué.

** Ne pas trop serrer la feuille de matière plastique.

Céleri-rave pilé

Servez-le comme une purée de pommes de terre. Un plat léger et délicat.

1 céleri-rave pelé et tranché

2 pommes de terre moyennes pelées
  et tranchées

1/4 de tasse (60 mL) de consommé au choix

2 c. à soupe (30 mL) de beurre

1/2 c. à thé (2 mL) de sel

1/2 c. à thé (2 mL) de sarriette

poivre au goût

Peler le céleri-rave tel qu'indiqué dans la préparation pour la cuisson. Le couper en deux et le trancher. Le mettre dans un plat de cuisson pour micro-ondes, ajouter les pommes de terre et le consommé. Remuer, couvrir et faire cuire 10 minutes à « HIGH ». Vérifier la cuisson avec la pointe d'un couteau. Laisser reposer 5 minutes après la cuisson.
Égoutter en réservant le consommé, et piler. Ajouter le reste des ingrédients, battre pour mettre en crème, ajouter un peu de consommé s'il y a lieu. Mettre dans un plat de service, couvrir et, si nécessaire, réchauffer 2 minutes à « MEDIUM » avant de servir.

Purée de céleri-rave *(photo p. 64-65 verso à droite)*

En France, on sert souvent un petit poulet rôti sur une purée de céleri-rave. C'est aussi une délicieuse façon de servir la caille ou la perdrix.

2 céleris-raves moyens

1/2 tasse (125 mL) de lait

1/2 c. à thé (2 mL) de sel et autant de sucre

1/2 tasse (125 mL) de persil haché

2 c. à soupe (30 mL) de beurre

sel et poivre au goût

Peler et trancher les céleris-raves, tel qu'indiqué dans la préparation pour la cuisson. Mettre dans un plat avec le lait, le sel et le sucre. Faire cuire 8 minutes à « HIGH ». Égoutter, en réservant le lait, passer au robot culinaire ou au mélangeur, ou piler à la main. Ajouter le persil, le beurre, le sel et le poivre au goût, et un peu de lait, si nécessaire. Mettre dans un plat à légumes, couvrir. Réchauffer 2 minutes à « HIGH ».

Céleri-rave à la bolonaise

À Bologne, en Italie, on fait cuire le céleri-rave au four en rangs alternés avec du fromage suisse. C'est, selon moi, l'une des cuissons les plus intéressantes pour servir le céleri-rave avec le poulet rôti ou toute autre volaille.

1 céleri-rave	1/2 tasse (125 mL) de gruyère râpé
2 à 3 tranches de citron	2 c. à soupe (30 mL) de beurre mou
2 c. à soupe (30 mL) d'eau	sel et poivre au goût

Peler et trancher le céleri-rave tel qu'indiqué dans la préparation pour la cuisson. Frotter chaque tranche avec le citron, les mettre dans un plat. Ajouter l'eau, couvrir et faire cuire à « HIGH » 6 à 8 minutes ou jusqu'à ce qu'elles soient tendres. Égouter. Mettre un rang de céleri-rave cuit dans un plat de service. Frotter ici et là avec la moitié du beurre ramolli, sel et poivre au goût, saupoudrer de la moitié du fromage râpé. Recouvrir du reste du céleri-rave et du fromage, saler et poivrer. Mettre de côté, couvert, à la température de la pièce, jusqu'au moment de servir.
Pour réchauffer, mettre le plat 4 minutes à « MEDIUM-HIGH » au moment de servir.

Céleri-rave dijonnaise

Une salade de céleri-rave que l'on sert avec le bifteck grillé ou de minces tranches froides de rôti de boeuf ou de veau. C'est délicieux.

1 céleri-rave	1/4 de c. à thé (1 mL) de sel
3 c. à soupe (50 mL) d'huile d'olive ou végétale	poivre au goût
2 c. à soupe (30 mL) de moutarde de Dijon	
1 c. à soupe (15 mL) de vinaigre de vin ou de cidre	

Peler et trancher le céleri-rave tel qu'indiqué dans la préparation pour la cuisson. Le mettre dans un plat avec 2 c. à soupe (30 mL) d'eau. Couvrir et faire cuire à « HIGH » 5 à 7 minutes. Comme il doit être servi froid en salade, il doit être un peu croquant. Égoutter et laisser à découvert durant la préparation de la vinaigrette.
Mélanger le reste des ingrédients, verser sur le céleri-rave refroidi. Remuer délicatement. Servir dans un bol ou entourer de minces tranches froides de rôti de boeuf ou de veau.
Note : À la fin de l'été, j'ajoute de la ciboulette à la vinaigrette.

Brocoli nature (p. 35), sauce Mornay (p. 121) →

Les champignons

Au contraire d'il y a quelques années, les champignons cultivés détiennent maintenant une place importante en cuisine, quelle qu'en soit la préparation, ajoutés à une sauce ou sautés pour accompagner le bifteck ou les côtelettes, ou simplement frits entiers ou tranchés et servis sur pain grillé.

L'achat
À l'achat de champignons frais, il faut choisir ceux dont le dessous de la tête est dense et serré, l'indice de champignons jeunes qui se conservent plus longtemps, car la terre du sol de culture n'a pas eu le temps de pénétrer à l'intérieur des champignons.
Les champignons sont souvent vendus dans des petites boîtes bien fermées où il est difficile de vérifier le contenu, mais il importe de regarder de près pour vous assurer de leur contenu.
Il faut rechercher les champignons à queues courtes, car les queues pèsent plus que les têtes et ne servent que très peu. Les belles têtes blanches et rondes constituent la portion savoureuse des champignons.

La conservation
Les champignons se conservent au réfrigérateur de 4 à 6 jours. Faire 4 à 5 incisions dans l'enveloppe de matière plastique avec la pointe d'un couteau. Lorsque la boîte est ouverte pour y prendre seulement quelques champignons, mettre la boîte avec le reste des champignons dans un sac de matière plastique. Conserver au réfrigérateur sur une tablette, et non pas dans le bac à légumes.

Champignons nature

La préparation pour la cuisson
Les champignons peuvent être lavés, mais cela doit se faire très rapidement. Les placer ensuite sur un essuie-tout et les rouler pour les assécher.
La meilleure façon de les nettoyer est à l'aide d'une petite brosse à champignons ou de toute petite brosse douce. Les nettoyer avant d'enlever les queues. Il est important de procéder tel qu'indiqué, car ils sont poreux et peuvent absorber beaucoup d'eau.
Si la recette demande des champignons frits, ne pas les laver, simplement les nettoyer à l'aide d'une brosse ou d'un linge. Si la recette demande des champignons tranchés ou hachés, les nettoyer mais ne les couper qu'au moment de les utiliser.

La cuisson
Toujours faire fondre ou chauffer la matière grasse requise pour la cuisson, y ajouter ensuite les champignons entiers, tranchés ou coupés en deux, selon la recette. Faire cuire à découvert, à HIGH conformément au temps requis par la recette. Servir aussitôt prêts.

◀— En haut: Champignons étuvés de Leyde (p. 50)
◀— En bas: Chou-fleur à l'indonésienne (p. 60)

Mes meilleurs champignons en crème

C'est Irene, mon amie polonaise, qui m'a enseigné la manière d'apprêter ces champignons en crème, tout à fait inusités et combien délicieux.

1 oignon moyen haché fin

1/2 lb (250 g) de champignons frais tranchés

1/4 de tasse (60 mL) d'eau froide

2 c. à soupe (30 mL) de beurre

2 c. à soupe (30 mL) de farine

1/2 tasse (125 mL) de crème sure commerciale

sel et poivre au goût

Si vous possédez un plat à griller Corning*, le faire chauffer 6 minutes à « HIGH ». Ajouter l'oignon haché au plat chaud sans le retirer du four. Faire cuire 1 minute à « HIGH ». Retirer le plat du four, remuer l'oignon légèrement bruni en grattant, ajouter les champignons. Bien remuer tout en grattant le brun au fond du plat. Ajouter l'eau, mélanger de nouveau et faire cuire 3 minutes à « HIGH ». Égoutter les champignons, conserver le jus de cuisson.

Mettre le beurre dans un autre plat. Faire fondre 2 minutes à « HIGH ». Ajouter la farine, bien mélanger, ajouter l'eau de cuisson des champignons, remuer le tout. Ajouter la crème sure, le sel et le poivre au goût.

Au moment de servir, faire cuire à « HIGH » 2 ou 3 minutes, en remuant une fois.

* *À défaut d'un plat à griller, utiliser un plat Corning de céramique de 8 pouces (20 cm), le préchauffer 3 minutes à « HIGH ».*
  L'oignon sera moins doré mais quand même savoureux.

Les champignons étuvés de Leyde *(photo p. 48-49 verso en haut)*

Leyde, en Hollande, est la ville natale de Rembrandt. Les champignons étuvés sont une spécialité de cette ville intéressante. L'addition de quelques champignons sauvages donne une saveur distincte à ce plat, bien que ces derniers ne soient pas indispensables.

1 lb (500 g) de champignons frais

2 champignons séchés (facultatif)*

1 tasse (250 mL) de crème sure commerciale

1 c. à soupe (15 mL) de persil haché

6 oignons verts hachés fin

1 c. à soupe (15 mL) de beurre

1/4 de c. à thé (1 mL) de sel et autant de poivre

1 c. à soupe (15 mL) de jus de citron frais

2 c. à soupe (30 mL) de fromage gouda ou gruyère râpé

paprika au goût

Beurrer copieusement un plat de cuisson aux micro-ondes de 8 sur 8 pouces (20 sur 20 cm). Couper les queues des champignons, essuyer les têtes avec un essuie-tout, les placer les unes à côté des autres dans le plat beurré. Peu importe si elles empiètent l'une sur l'autre ici et là. Lorsque les champignons séchés sont ajoutés, les briser en morceaux et les saupoudrer sur les champignons frais.

Bien mélanger le reste des ingrédients, sauf le fromage. Étaler sur les champignons, recouvrir du fromage râpé. Saupoudrer de paprika.

Faire cuire 15 minutes à « MEDIUM-HIGH », seulement au moment de servir.

* *On en trouve diverses sortes dans les boutiques d'alimentation spécialisées. Ils s'achètent en petite quantité, en morceaux ou entiers. Ils ne sont pas exigés dans la recette.*

Champignons à la finlandaise

Une autre création de mon amie finlandaise, Marta. À servir comme légume, ou comme sauce sur le poisson poché de votre choix.

1 c. à soupe (15 mL) de beurre

1/4 de tasse (60 mL) de chapelure fine

1/2 lb (250 g) de champignons frais tranchés mince

1 c. à soupe (15 mL) de jus de citron frais

1/4 de c. à thé (1 mL) d'aneth séché ou
   2 c. à thé (10 mL) d'aneth frais haché fin

4 oignons verts hachés fin

2 c. à soupe (30 mL) de beurre

3 c. à soupe (50 mL) de farine

1 tasse (250 mL) de crème à fouetter

2 jaunes d'oeufs légèrement battus

sel et poivre au goût

Faire fondre le beurre 1 minute à « HIGH ». Ajouter la chapelure. Faire griller à « HIGH » 3 à 5 minutes, en remuant à chaque minute jusqu'à ce qu'elle soit bien dorée. Mettre de côté. Mélanger les champignons frais tranchés, le jus de citron, l'aneth, les oignons verts et les 2 c. à soupe (30 mL) de beurre. Couvrir, faire cuire 4 minutes à « HIGH ». Ajouter la farine aux champignons cuits en remuant, ajouter la crème graduellement en brassant jusqu'à parfait mélange. Ajouter 1 jaune d'oeuf à la fois et battre pour bien mélanger. Faire cuire 6 à 8 minutes à « MEDIUM-HIGH », en remuant à toutes les 2 minutes jusqu'à ce que la sauce soit crémeuse et épaissie. Saler et poivrer. Verser dans un plat chaud et recouvrir de la chapelure dorée. Laisser reposer 3 minutes dans un endroit chaud avant de servir.

Champignons et petits pois

L'hiver, j'utilise les petits pois surgelés. Ils sont savoureux et très bons lorsque cuits au four à micro-ondes.

2 c. à soupe (30 mL) de beurre

3 oignons verts hachés fin

2 tasses (500 mL) de champignons frais tranchés mince

2 tasses (500 mL) de petits pois surgelés

1 c. à thé (5 mL) de sucre

1/4 de c. à thé (1 mL) de basilic

sel et poivre au goût

Mettre le beurre et les oignons verts dans un plat de cuisson aux micro-ondes de 4 tasses (1 L). Faire cuire 2 minutes à « HIGH ». Ajouter le reste des ingrédients, sauf le sel et le poivre. Remuer et faire cuire 6 minutes à « HIGH ». Bien remuer. Saler et poivrer au goût.

Pour la cuisson par « auto-senseur »
Si votre four à micro-ondes est muni de « l'auto-senseur », programmer à « Vegetable Soft ». L'avertisseur sonore se fera entendre une fois la cuisson achevée.
Lorsque la cuisson doit s'effectuer au « senseur », faire fondre le beurre 1 minute à « HIGH ». Ajouter tous les ingrédients et recouvrir d'une feuille de matière plastique, avant la cuisson.

Champignons sur pain grillé

Un plat facile et vite fait. À servir comme entrée ou comme canapé avec un bon verre de porto ou comme repas léger accompagné d'une salade.

6 tranches de bacon

1 oignon moyen haché fin

1/2 lb (250 g) de champignons frais tranchés mince

1/4 de c. à thé (1 mL) d'estragon séché

sel et poivre au goût

pain grillé beurré

Mettre le bacon dans un plat de cuisson aux micro-ondes de 8 sur 8 pouces (20 sur 20 cm). Faire cuire à « HIGH » 6 à 8 minutes. Disposer le bacon sur des essuie-tout, le laisser refroidir et l'émietter. Ajouter l'oignon haché à 2 c. à soupe (30 mL) du gras de bacon. Mettre de côté le reste du gras. Faire cuire à « HIGH » 4 à 5 minutes, en remuant une fois. Lorsque l'oignon a ramolli, y ajouter les champignons tranchés, bien remuer, ajouter l'estragon, remuer. Faire cuire 2 minutes à « HIGH ». Ajouter le bacon émietté, remuer et faire cuire 1 minute à « MEDIUM-HIGH ».
Tailler les tranches de pain grillé beurré en moitiés ou en quarts, recouvrir de champignons et servir.

Note : Ces champignons peuvent être préparés de 3 à 4 heures d'avance, conservés à la température de la pièce et réchauffés 1 minute à « MEDIUM » avant de servir.

Champignons déshydratés

L'utilisation des champignons déshydratés
Si vous désirez utiliser les champignons déshydratés pour remplacer les champignons frais d'une recette, les préparer tel qu'indiqué ci-dessous.
Lorsqu'ils sont utilisés pour remplacer des champignons frais, n'utiliser que la moitié de la quantité requise de champignons secs, car ils ont une saveur beaucoup plus prononcée que celle des champignons frais et il en faut moins. Si la recette demande 1 tasse (250 mL) de champignons frais, n'utiliser qu'une demi-tasse (125 mL) de champignons déshydratés.
Mettre 6 à 8 champignons déshydratés dans un bol. Recouvrir d'une tasse (250 mL) d'eau bouillante. Mettre un poids sur les champignons pour les empêcher de monter à la surface. Les faire tremper 40 minutes. Égoutter l'eau, les essorer dans un essuie-tout. Enlever la partie dure de la queue et trancher les champignons en bâtonnets d'un quart de pouce (,05 cm).
Vous pouvez au goût conserver l'eau de trempage des champignons et l'utiliser comme une partie du liquide dans une sauce, à votre gré.

Le chou

Le chou est l'un des plus vieux légumes et tous les pays du monde le consomment. Il a aussi l'avantage d'être une source excellente de vitamine C.

Je me suis souvent demandé si c'est du fait de nos coutumes ancestrales, mais lorsqu'on mentionne les betteraves ce sont les betteraves marinées, et le navet est presque toujours en purée; quant au chou, c'est la salade de chou.

Et pourtant, les façons de servir le chou abondent. C'est un légume qui ne coûte pas cher et il est disponible tout l'hiver.

Un avantage de plus, c'est le fait que les façons de l'apprêter sont illimitées car partout dans le monde, on mange du chou, vert, rouge ou frisé.

Si vous désirez connaître la saveur et la couleur véritables du chou, qui se perdent souvent lorsqu'il est trop cuit ou bouilli, faites-le cuire aux micro-ondes, vous en serez ravi.

L'achat

Il faut choisir un chou ferme et lourd.

Si les feuilles en surface sont fanées et jaunies, ou si elles ont été enlevées pour lui donner une apparence de fraîcheur, cela semble indiquer qu'il a de l'âge.

Chou nature

La cuisson du chou entier

Il faut choisir un chou moyen. Enlever les quelques premières feuilles. Le faire tremper 20 minutes dans un bol d'eau froide, le coeur vers le bas. Le bien égoutter. L'envelopper d'une feuille de matière plastique, le mettre dans un plat.

Le chou moyen cuira en 15 à 18 minutes à « HIGH ». Vérifier la cuisson avec la pointe d'un couteau après 12 minutes.

La cuisson du chou en quartiers

Couper le chou en quartiers égaux. Les mettre dans un plat de cuisson aux micro-ondes de votre choix. Ajouter 2 c. à soupe (30 mL) d'eau, 1/4 de c. à thé (1 mL) de sucre. Couvrir.

Un chou de 1½ à 2 livres (750 g à 1 kg) coupé en quartiers cuira en 8 à 9 minutes à « HIGH ». Pour assurer une cuisson uniforme, les quartiers de chou doivent être remués à toutes les 3 minutes de cuisson. Simplement les remuer avec une cuiller.

La cuisson aux micro-ondes du chou tranché mince ou en petits quartiers

Un point important à observer dans la cuisson du chou tranché mince ou en petits quartiers, c'est de veiller à ce qu'il y ait assez de cellules absorbantes pour dégager suffisamment d'humidité durant le procédé de cuisson. Bien couvrir.

La cuisson de quatre tasses (1 L) de chou haché devrait s'effectuer en 5 à 7 minutes à « HIGH », couvert.

Le chou 1900

On y réfère souvent sous ce nom, mais malgré mes recherches je n'ai pu en découvrir le pourquoi. Un préféré du Vieux Québec, il est un de mes favoris. Je substitue souvent le bacon au lard salé, car il est plus facile à obtenir.

1/2 tasse (125 mL) de dés de lard salé ou de bacon

un petit ou moyen chou coupé en quartiers

4 pommes, pelées et tranchées

1 c. à soupe (15 mL) de jus de citron frais ou de vinaigre de cidre

2 c. à soupe (30 mL) de cassonade

2 à 4 clous de girofle entiers

Mettre les dés de lard salé ou de bacon dans un plat de cuisson aux micro-ondes. Faire cuire 3 minutes à « HIGH », en remuant une fois. Ajouter le reste des ingrédients. Remuer pour bien mélanger. Couvrir, faire cuire 4 minutes à « HIGH ». Remuer de nouveau jusqu'à ce que le tout soit bien mélangé. Faire cuire 5 à 7 minutes à « MEDIUM ». Remuer et servir.

Le chou de Marta

Marta, mon amie finlandaise, est très bonne cuisinière. J'ai adapté sa recette de chou à la cuisson aux micro-ondes. Ce fut un succès.

3 c. à soupe (50 mL) de beurre

6 à 8 tasses (1,5 à 2 L) de chou râpé

1 oignon tranché mince

3 c. à soupe (50 mL) de vinaigre de vin ou de cidre

1 c. à thé (5 mL) de graines de carvi ou d'aneth

sel et poivre au goût

3 tomates fraîches

2 c. à soupe (30 mL) de sucre

Faire fondre le beurre 2 minutes à « HIGH » dans une casserole de 8 tasses (2 L). Ajouter le chou, l'oignon et le vinaigre, remuer pour bien mélanger le tout. Ajouter les graines de carvi ou d'aneth, le sel et le poivre au goût. Mélanger de nouveau.
Recouvrir des tomates non pelées, en dés. Saupoudrer les tomates du sucre. Couvrir et faire cuire 6 à 8 minutes à « HIGH ». Bien mélanger et servir.

Chou belge à la crème

Chou haché cuit dans la crème sans féculent. Pour le servir tel qu'en Belgique, mettre le chou au milieu d'un plat chaud, l'entourer de petites pommes de terre cuites aux micro-ondes et l'accompagner de minces tranches de jambon et de moutarde.

1/2 tasse (125 mL) de crème de votre choix

1 c. à soupe (15 mL) de beurre

1 c. à soupe (15 mL) de persil émincé

1 oignon moyen haché fin

2 clous de girofle

5 tasses (1,25 L) de chou haché fin

sel et poivre au goût

Mettre dans un plat de 6 tasses (1,5 L) la crème, le beurre, le persil, l'oignon et les clous. Faire cuire 4 minutes à « HIGH ». Ajouter le chou, sel et poivre. Remuer pour bien mélanger. Couvrir et faire cuire 5 à 6 minutes à « HIGH ». Bien mélanger. Vérifier la cuisson car, selon la façon dont le chou est haché, la durée de cuisson peut varier de une ou deux minutes. Bien remuer avant de servir.

Chou tyrolien

Un petit ou moyen chou, cuit entier et recouvert d'une sauce blanche crémeuse. Le servir accompagné de pommes de terre au four à micro-ondes pour un déjeuner végétarien.

1 chou moyen

2 c. à soupe (30 mL) de beurre

1/2 c. à thé (2 mL) de sel

1/2 c. à thé (2 mL) de sucre

1 c. à soupe (15 mL) d'aneth frais, haché ou
1 c. à thé (5 mL) d'aneth séché ou
le zeste râpé d'un citron ou d'une lime

Enlever les feuilles de dessus du chou. Enlever le coeur dur sous le chou à l'aide d'un couteau pointu. Mettre le reste des ingrédients en crème, écarter les feuilles supérieures ici et là et beurrer l'intérieur des feuilles de ce mélange. Replacer ces feuilles (ce sont les 6 ou 9 premières feuilles) en pressant avec les mains. Envelopper le chou dans une feuille de matière plastique assez grande pour le recouvrir complètement. Le placer sur une claie. Le faire cuire 20 minutes à « HIGH ». Le développer seulement au moment de servir. Il se conservera chaud de 15 à 20 minutes.

Pour le servir : Placer le chou développé au milieu d'un plat, l'entourer de pommes de terre cuites au four*, recouvrir le chou d'une tasse (250 mL) de sauce blanche ou de sauce Mornay**, qui peut être cuite durant la période d'attente du chou.

* *Consulter l'index.*
** *Consulter l'index, au chapitre des sauces et garnitures pour légumes.*

Chou bavarois

Les baies de genièvre de cette recette sont le petit fruit du genévrier. C'est une petite baie ronde violette ou noire. On l'utilise dans la fabrication du gin, ce qui vous donne une idée de sa saveur, qui est douce et agréable. Il est facile de retirer les baies lorsque le chou est cuit, elles sont très visibles.

2 c. à soupe (30 mL) de beurre

5 à 6 tasses (1,25 à 1,5 L) de chou haché

2 pommes (coeur enlevé) pelées et tranchées

6 baies de genièvre (facultatif)

1/2 tasse (125 mL) de vin blanc ou de consommé

3 c. à soupe (50 mL) de fécule de maïs

sel et poivre au goût

Utiliser un grand plat de cuisson aux micro-ondes. J'ai un Micro-Dur de 12 tasses (3 L) en plastique. Un plat en pyrex avec couvercle peut aussi servir.

Faire fondre le beurre dans le plat 2 minutes à « HIGH ». Y ajouter le chou et les pommes et remuer pour les bien enrober de beurre fondu.

Ajouter les baies de genièvre, délayer la fécule de maïs dans le vin blanc ou le consommé, l'ajouter au chou, bien mélanger. Couvrir, faire cuire 8 minutes à « HIGH », remuer. Si nécessaire, faire cuire 1 ou 2 minutes de plus. Saler et poivrer au goût et servir.

Chou rouge aigre-doux

En Hollande et en Allemagne, on le sert chaud avec le rôti de porc ou le jambon cuit au four.

4 à 5 tasses (1 à 1,25 L) de chou rouge, haché fin

2 tasses (500 mL) de pommes non pelées, tranchées mince

3 c. à soupe (50 mL) de vinaigre de cidre ou de vin

1/4 de tasse (60 mL) d'eau

1/3 de tasse (80 mL) de cassonade

6 clous de girofle

1 c. à thé (5 mL) de sel

3 c. à soupe (50 mL) de beurre

Mettre dans un plat de 6 tasses (1,5 L) tous les ingrédients, sauf le beurre. Remuer pour bien mélanger. Couvrir et faire cuire 4 à 5 minutes à « HIGH ». Bien mélanger, vérifier l'assaisonnement. Si nécessaire, faire cuire une minute de plus.

Ajouter le beurre, remuer pour le bien mélanger avec le chou.

Faire cuire 1 minute à « HIGH ». Remuer et servir.

Le chou-fleur

Le chou-fleur est une plante de la famille du chou, dont le nom latin est « caulis floris » que j'ai appris il y a très longtemps, alors que j'étais étudiante. Durant de longues années, je refusais de manger le chou-fleur parce qu'il était presque toujours servi trop cuit et d'une couleur brunâtre. Maintenant qu'il peut être cuit à la perfection au four à micro-ondes, blanc, tendre, à saveur délicate et sans odeur forte, il est devenu un de mes légumes préférés.

Dans la vieille Espagne, il était connu sous le nom de « chou syrien », qui est un nom très ancien.

Le meilleur temps pour l'acheter
La saison de pointe est de septembre à la fin de novembre. Il est aussi disponible plus tard à certains moments, mais la qualité et la saveur ne sont plus à leur meilleur et le prix est plus élevé.

L'achat
Il faut choisir des têtes fermes, compactes et blanches. Vérifier les feuilles près de la tête. Elles doivent être d'un vert prononcé, fraîches et croquantes. Ne pas acheter un chou-fleur dont les feuilles sont jaunies : c'est un signe certain qu'il est trop avancé.

La conservation
Ne pas laver le chou-fleur avant de le mettre au réfrigérateur. Enlever les grosses feuilles vertes, s'il est trop gros, et le mettre dans un sac de matière plastique, attacher le sac sans serrer. Il se conservera en excellent état jusqu'à une semaine sans perdre sa fraîcheur.

Chou-fleur nature

La préparation du chou-fleur entier
Couper les feuilles vertes et faire un trou dans le coeur sous le chou-fleur.
Le mettre dans un bol, le couvrir d'eau froide, en ajoutant 1 c. à soupe (15 mL) de gros sel et 2 tranches de citron (facultatif). Laisser reposer 10 minutes. Je fais cela lorsque je suis prête à le faire cuire. Si le temps presse, simplement le passer 2 minutes à l'eau froide courante.

La préparation pour la cuisson du chou-fleur en bouquets
Pour le faire cuire en bouquets, défaire la tête en bouquets aussi égaux que possible. Il est parfois nécessaire de couper un gros bouquet en deux. Le faire tremper dans l'eau salée et l'égoutter, procéder ensuite comme pour le chou-fleur entier.

La cuisson du chou-fleur entier
Lorsque je présente à table un beau chou-fleur blanc, cuit entier, tous sont surpris et enchantés de sa parfaite saveur. Il est très facile à préparer et les restes se réchauffent sans perte de saveur.

1 chou-fleur moyen

3 c. à soupe (50 mL) de beurre

1 c. à soupe (15 mL) de persil finement haché

sel et poivre au goût

Nettoyer et préparer le chou-fleur entier tel qu'indiqué ci-haut. Saupoudrer d'une pincée de sucre. L'envelopper dans une feuille de matière plastique, en ramenant les bouts sous le chou-fleur. Le mettre sur une claie pour micro-ondes, la tête sur le dessus. Faire cuire 15 minutes à « HIGH ». Laisser reposer 10 minutes. Vérifier la cuisson avec la pointe d'un couteau. Si nécessaire, faire cuire 3 minutes de plus à « HIGH ». Développer, disposer sur un plat de service. Saler et poivrer au goût.
Faire fondre le beurre 1 minute à « HIGH », ajouter le persil et verser sur le chou-fleur.

Chou-fleur de la Nouvelle-Angleterre

Une casserole intéressante de chou-fleur et d'oeufs, idéale pour un léger repas. La servir accompagnée de muffins anglais grillés.

1 chou-fleur moyen

1/4 de tasse (60 mL) d'eau

3 c. à soupe (50 mL) de beurre

2 c. à soupe (30 mL) de farine

1 tasse (250 mL) de lait

1/2 tasse (125 mL) de crème légère ou de yaourt nature

sel et poivre au goût

3 oignons verts finement hachés

1/2 c. à thé (2 mL) de basilic ou d'origan

3 à 4 oeufs cuits dur tranchés mince

1/2 tasse (125 mL) de chapelure de biscuits soda

1/4 de tasse (60 mL) de persil frais émincé

Diviser le chou-fleur en bouquets tel qu'indiqué pour le chou-fleur nature et faire cuire aux micro-ondes à « HIGH » 8 ou 9 minutes avec 1/4 de tasse (60 mL) d'eau. Pour faire la sauce, faire fondre le beurre dans un bol 1 minute à « HIGH ». Ajouter la farine, bien mélanger, ajouter le lait et la crème ou le yaourt, sel et poivre. Remuer pour bien mélanger, ajouter les oignons verts, le basilic ou l'origan. Bien remuer. Faire cuire 3 minutes à « HIGH », remuer et faire cuire 2 minutes à « HIGH » ou jusqu'à ce que la sauce soit crémeuse.

Faire cuire les oeufs durs sur la cuisinière, les trancher, les ajouter à la sauce. Ajouter le chou-fleur non égoutté à la sauce. Remuer délicatement. Mettre dans un plat de cuisson aux micro-ondes, saupoudrer de chapelure et de persil émincé, couvrir. Faire réchauffer 3 minutes à « MEDIUM » et servir.

Chou-fleur à l'italienne *(photo couverture)*

Une de mes recettes de chou-fleur préférées. Servi chaud, tiède ou froid, il est également bon. Les tomates fraîches ne doivent pas être remplacées par des tomates en boîte, car la saveur et la texture y perdraient.

1 chou-fleur moyen	**1 c. à thé (5 mL) de basilic ou d'origan émincé**
3 c. à soupe (50 mL) d'huile d'olive ou végétale, au choix	**sel et poivre au goût**
1 oignon moyen haché fin	**2 à 3 tomates moyennes, en dés**
1 gousse d'ail hachée fin	**1 tranche de pain**
3 c. à soupe (50 mL) de persil frais émincé	

Préparer le chou-fleur tel qu'indiqué pour le chou-fleur nature, coupé en bouquets.
Faire chauffer l'huile dans un plat de 4 tasses (1 L) 2 minutes à « HIGH ». Ajouter l'oignon et l'ail, bien remuer. Faire cuire 2 minutes à « HIGH », en remuant après 1 minute. Ajouter le chou-fleur et tous les autres ingrédients. Bien remuer, faire cuire 10 minutes à « HIGH ». Bien remuer, laisser reposer 10 à 15 minutes sans découvrir. Servir tiède ou froid, mais non réfrigéré.

Tarte au chou-fleur

Un dîner léger de la campagne anglaise. Cette tarte sans croûte est aussi servie avec le rôti de boeuf ou le canard rôti.

1 chou-fleur moyen	**sel et poivre au goût**
2 c. à soupe (30 mL) de lait ou d'eau	**1 oignon moyen pelé et tranché mince**
1/2 tasse (125 mL) de fromage râpé	**3 tomates pelées et tranchées**
1/4 de tasse (60 mL) de persil haché fin	**1 c. à thé (5 mL) de sarriette ou d'estragon**
3 c. à soupe (50 mL) de beurre	**4 à 5 pommes de terre cuites et pilées***
2 c. à soupe (30 mL) de lait	

Diviser le chou-fleur en bouquets, tel qu'indiqué pour chou-fleur nature. Le mettre dans un plat avec le lait ou l'eau. Couvrir et faire cuire 8 à 9 minutes à « HIGH ». Laisser reposer 5 à 10 minutes, ne pas égoutter l'eau ou le lait. Ajouter le fromage râpé, le persil, le beurre et les 2 c. à soupe (30 mL) de lait. Battre le tout en crème, très rapide au robot culinaire ou au malaxeur. Assaisonner au goût et mettre dans un joli plat ou dans une assiette à tarte de 9 pouces (22,5 cm), recouvrir des tranches de tomate et d'oignon. Saler et poivrer légèrement. Saupoudrer de la sarriette ou de l'estragon.
Faire cuire les pommes de terre et les mettre en purée*. Les disposer sur le dessus du chou-fleur, saupoudrer de paprika.
Au moment de servir, couvrir le plat d'un couvercle ou d'une feuille de matière plastique, faire cuire 5 minutes à « MEDIUM-HIGH » et servir.

* *Consulter l'index pour les pommes de terre en purée.*

Chou-fleur à l'indonésienne (photo p. 48-49 verso en bas)

C'est en quelque sorte un chou-fleur au cari, où la saveur du gingembre frais imprègne tout le plat. Un déjeuner élégant et léger, servi sur un nid de riz auquel on mélange une poignée de noix au choix au moment de servir.

4 c. à soupe (60 mL) d'huile végétale

2 c. à thé (10 mL) de racine de gingembre frais, râpée

1/2 c. à thé (2 mL) de curcuma

2 c. à thé (10 mL) de coriandre moulue

1 ou 2 gousses d'ail, finement hachées

1 chou-fleur moyen

1/4 de tasse (60 mL) d'eau

1/4 de c. à thé (1 mL) de sucre

Mélanger l'huile végétale, le gingembre râpé, le curcuma, la coriandre et l'ail. Mettre de côté.
Couper le chou-fleur en bouquets, tel qu'indiqué pour le chou-fleur nature. Le mettre dans un plat de céramique (Corning) ou tout autre plat qui va au four à micro-ondes. Ajouter l'eau, le sucre et le mélange épicé, couvrir et faire cuire 2 minutes à « HIGH ».
Vérifier la cuisson et, si nécessaire, faire cuire 2 minutes de plus. Laisser reposer 5 minutes et servir.

Chou-fleur vinaigrette

Une salade de chou-fleur parfaite. Tiède ou froide, elle constitue un déjeuner intéressant, accompagnée d'une assiette de minces tranches, chaudes ou froides, de poulet poché.

1 chou-fleur moyen

3 oignons verts hachés fin (le vert et le blanc)

3 c. à soupe (50 mL) d'huile d'olive ou végétale

1 c. à soupe (15 mL) de jus de citron frais

1/2 c. à thé (2 mL) de moutarde préparée

1/4 de c. à thé (1 mL) de sel

une pincée de poivre

Préparer le chou-fleur et le couper en bouquets, tel qu'indiqué pour le chou-fleur nature.
Le mettre dans un plat de cuisson aux micro-ondes, ajouter 3 c. à soupe (50 mL) d'eau, couvrir et faire cuire 6 à 8 minutes à « HIGH ». Toucher de la pointe d'un couteau après 6 minutes, pour éviter de trop cuire.
Égoutter l'eau. Mettre le chou-fleur dans un joli bol à salade. Saupoudrer des oignons verts.
Mélanger le reste des ingrédients et verser sur le chou-fleur. Remuer seulement au moment de servir.
Servir tiède ou à la température de la pièce. Ne pas réfrigérer.

Les choux de Bruxelles

Les choux de Bruxelles sont de la famille du chou. Au lieu d'un gros chou, ce sont de petits choux miniatures sur une forte tige. De même que toutes les plantes de la famille du chou, ils sont de la récolte d'automne; c'est donc en septembre et en octobre qu'ils sont à leur meilleur. Ils sont cependant disponibles sur nos marchés durant presque toute l'année, en provenance de divers pays.

L'achat des choux de Bruxelles
Ils sont généralement retirés de la tige pour être vendus en contenants de 2 tasses (500 mL).
Il est important de choisir des choux de Bruxelles aussi fermes que possible, d'égale grosseur (soit petits, soit gros). La cuisson en est plus facile lorsqu'ils sont à peu près égaux. La grosseur est une question de goût personnel.
À l'occasion, en automne, ils peuvent être achetés sur la tige. Ils sont très attrayants et j'aime en faire un centre de table pour une occasion spéciale.

Choux de Bruxelles nature

La préparation pour la cuisson
Les bien laver dans un bol d'eau froide. Les laisser égoutter dans une passoire 10 à 15 minutes.
Enlever les feuilles du dessus ou celles qui sont flétries.

La cuisson
Ce qui suit s'applique à la cuisson d'une livre (500 g) de choux de Bruxelles.
Premièrement, s'il y a beaucoup de tout petits choux, les mettre de côté, car la cuisson des plus gros sera plus longue et les petits cuiront trop. Il faut alors les faire cuire séparément.
Mettre les choux de Bruxelles dans un plat de cuisson à micro-ondes avec 1/4 de tasse (60 mL) d'eau et 1/4 de c. à thé (1 mL) de sucre. Couvrir, faire cuire 6 à 8 minutes à « HIGH »; la durée de cuisson dépend de la grosseur des choux. Il faut donc en vérifier la cuisson avec une fourchette après 6 minutes. Laisser reposer, couverts, 3 à 5 minutes.
Pour en faire cuire une livre (500 g) par « auto-senseur »*, les mettre dans un plat de cuisson à micro-ondes et recouvrir d'une feuille de matière plastique, à moins d'utiliser un plat Micro-Dur avec son couvercle.
* *Consulter le manuel de votre four pour les instructions sur la cuisson par « auto-senseur ».*

Choux de Bruxelles au beurre doré

(photo p. 32-33 verso à droite en bas)

Le beurre doré avec zeste de citron, versé sur les choux de Bruxelles cuits, est un favori de la cuisine française.

1/2 c. à thé (2 mL) de sucre	**le zeste râpé d'un citron**
1 lb (500 g) de choux de Bruxelles	**sel et poivre au goût**
2 c. à soupe (30 mL) de beurre	

Pour faire cuire les choux de Bruxelles aux micro-ondes, mettre le sucre dans le fond d'un plat, puis procéder tel qu'indiqué pour les choux de Bruxelles nature. Les égoutter. Mettre le beurre et le zeste de citron dans un plat, chauffer 2 minutes à « HIGH », remuer. Lorsque le beurre est d'un beau doré, le verser sur les choux de Bruxelles, remuer, saler et poivrer au goût. Servir.

Choux de Bruxelles à la finlandaise

De préparation facile et rapide, avec une délicate saveur de citron.

1 lb (500 g) de choux de Bruxelles	**le jus et le zeste râpé d'un demi-citron**
4 c. à soupe (60 mL) d'eau	**1/4 de c. à thé (1 mL) de sucre**
1 c. à thé (5 mL) de beurre	**sel et poivre au goût**

Préparer les choux de Bruxelles tel qu'indiqué pour les choux de Bruxelles nature. Mettre dans un plat, l'eau, le beurre, le jus et le zeste râpé de citron et le sucre. Remuer. Faire cuire 1 minute à « HIGH ». Ajouter les choux de Bruxelles, bien mélanger, couvrir et faire cuire à « HIGH » 4 à 6 minutes, selon la grosseur des choux. Bien mélanger, saler et poivrer, couvrir et laisser reposer 5 minutes avant de servir.

Choux de Bruxelles à l'orientale

Voici un excellent repas léger, si vous y ajoutez une pomme de terre au four et un morceau de fromage.

1 c. à soupe (15 mL) de beurre

6 oignons verts hachés fin

1 lb (500 g) de choux de Bruxelles

3 c. à soupe (50 mL) d'eau

2 c. à thé (10 mL) de vinaigre de vin ou de cidre

1 c. à thé (5 mL) de sucre

sel et poivre au goût

Faire fondre le beurre 1 minute à « HIGH » dans un plat de cuisson. Y ajouter les oignons verts, remuer, faire cuire 1 minute à « HIGH ». Bien mélanger, ajouter les choux de Bruxelles préparés tel qu'indiqué pour les choux de Bruxelles nature. Ajouter l'eau. Remuer. Couvrir et faire cuire 6 minutes à « HIGH ». La cuisson terminée, retirer les choux de Bruxelles de l'eau.

Ajouter le vinaigre de vin ou de cidre et le sucre à l'eau, bien mélanger. Faire cuire 4 minutes à « HIGH » ou jusqu'à ce que le liquide soit presque entièrement évaporé. Saler et poivrer les choux de Bruxelles au goût. Ajouter le mélange du vinaigre, remuer doucement, faire cuire 1 minute à « HIGH » et servir.

Pour un repas léger, j'ajoute parfois 1/2 livre (250 g) de bacon, grillé 5 minutes à « HIGH », que je place autour des choux de Bruxelles. Servir avec du pain français chaud ou des muffins anglais grillés. Un agréable repas léger.

Choux de Bruxelles au cari

Les choux de Bruxelles se prêtent très bien à la saveur épicée du cari.

2 c. à soupe (30 mL) de beurre

1/2 à 1 c. à thé (2 à 5 mL) de poudre de cari

2 c. à soupe (30 mL) de farine

1 tasse (250 mL) de lait ou de consommé de poulet

1 pomme pelée et râpée

1 lb (500 g) de choux de Bruxelles

Faire fondre le beurre dans un bol 1 minute à « HIGH ». Ajouter la poudre de cari et la farine, remuer pour bien mélanger. Ajouter le lait ou le consommé de poulet, remuer, faire cuire 3 minutes à « HIGH ». Remuer, ajouter la pomme râpée et faire cuire une minute de plus à « HIGH » ou jusqu'à ce que la sauce soit crémeuse.

Faire cuire les choux de Bruxelles tel qu'indiqué pour les choux de Bruxelles nature. Les égoutter. Ajouter la sauce au cari, remuer. Faire cuire 1 minute à « HIGH ». Au moment de servir, saler au goût.

Les courges

Il y a la courge d'été et la courge d'hiver (pâtisson, giraumont turban, cou droit, torticolis, zucchini, et bien d'autres). Au marché, si vous désirez connaître les différentes variétés de courges, demandez qu'on vous les montre et apprenez leur nom. La courge est un légume économique qui, en général, se conserve très bien.

La courge cuite aux micro-ondes est excellente. Vous ne connaîtrez bien la saveur d'une courge que lorsqu'elle aura été cuite au four à micro-ondes. Il faut aussi se rappeler que les courges au four à micro-ondes se cuisent presque toujours de la même manière.

La conservation

La courge d'été peut être conservée au réfrigérateur tout au plus 10 jours.

La courge d'hiver a l'avantage de conserver sa saveur et sa texture en parfait état jusqu'à quatre mois, pourvu qu'elle soit dans un endroit sombre et frais; même lorsqu'une pointe est coupée et enlevée du tout, elle peut être conservée. Ce qui reste doit être enveloppé dans une feuille de matière plastique et gardé dans un endroit frais.

La courge de 2½ à 3 livres (1,25 - 1,5 kg) est la meilleure quant à la saveur et à la texture. La courge de poids supérieur est aqueuse et moins savoureuse.

Les courges entières nature

La préparation et la cuisson aux micro-ondes de toutes les espèces de courges est si facile, et les résultats quant à la saveur, la texture et la couleur sont si parfaits, que vous pouvez les apprécier à leur meilleur presque sans travail.

Laver la courge entière, quelle qu'elle soit. Faire 4 à 5 incisions à travers la pelure avec la pointe d'un couteau tranchant. La mettre dans le four à micro-ondes sur une claie ou sur une soucoupe renversée. Faire cuire à « HIGH » de 6 à 10 minutes, selon la grosseur de la courge. La retirer du four avec une serviette, car elle est très chaude. La laisser reposer de 10 à 15 minutes.

La couper alors en deux et enlever les graines et les membranes. Une cuiller facilite le travail.

Il y a ensuite deux façons de procéder. Ajouter de la cassonade ou du sirop d'érable ou de la mélasse et du beurre au goût, piler le tout ensemble dans la courge même, recouvrir chaque moitié d'une feuille de papier ciré, ou bien mettre la purée dans un plat en long et couvrir.

Au moment de servir, réchauffer 5 à 6 minutes à « HIGH ».

Casserole de zucchini (p. 68) →

Courge maison
convexion ou micro-ondes

J'aime servir cette courge avec de minces tranches de jambon chaud ou avec une tranche de jambon glacé à l'orange (voir volume des viandes, page 85). Utiliser la courge de votre choix.

- **1 courge de votre choix en purée, soit 3 à 4 tasses (750 mL à 1 L)**
- **1/4 de tasse (60 mL) de beurre ou de margarine**
- **1 c. à thé (5 mL) de sel**
- **1/4 de c. à thé (1 mL) de poivre**
- **6 oignons verts hachés fin**

- **1 c. à thé (5 mL) de sarriette**
- **1/2 c. à thé (2 mL) d'aneth**
- **1/4 de tasse (60 mL) de crème ou de lait**
- **3 oeufs bien battus**
- **1/4 de tasse (60 mL) de chapelure de biscuits soda beurrée**

Faire cuire et mettre en purée la courge de votre choix, tel qu'indiqué pour la courge nature. Ajouter à la purée le beurre ou la margerine et battre jusqu'à ce qu'il soit fondu, ajouter le sel, le poivre et les oignons. Bien mélanger. Ajouter le reste des ingrédients, sauf la chapelure de biscuits soda. Remuer pour bien mélanger. Mettre dans un plat. Recouvrir de la chapelure beurrée.

Pour faire cuire par convexion : Mettre la casserole sur la grille dans la partie convexion du four à micro-ondes préchauffée à 400°F (200°C). Faire cuire 35 à 40 minutes ou jusqu'à ce qu'un couteau inséré au centre en ressorte propre.

Pour faire cuire aux micro-ondes : Mettre la casserole sur une claie. Faire cuire, couverte, 10 minutes à « HIGH ». Faire cuire ensuite 12 minutes à « MEDIUM ». Au goût, saupoudrer le dessus de paprika.

Le zucchini (La courgette)

Le zucchini est disponible presque toute l'année. Il est non seulement le préféré de la famille des courges, mais il se prête aussi à plusieurs variantes, car il peut être utilisé comme légume chaud, dans les salades, les casseroles, et même les gâteaux !

L'achat
Il faut choisir le zucchini jeune et tendre, de 4 à 8 pouces (10 à 20 cm) de long, à pelure lisse et d'un vert pâle.

La conservation
Le zucchini est facile à conserver, mais il vaut mieux qu'il soit réfrigéré dans le bac à légumes. Lorsqu'ils sont en trop grande abondance, soit dans votre jardin ou au marché, ils peuvent être congelés. C'est facile. Voici comment : laver les zucchini, enlever une tranche à chaque extrémité, les couper en morceaux ou les passer au hachoir ou au robot culinaire, y compris la pelure. Les mettre dans des sacs de matière plastique, une tasse à la fois ou plus, à votre gré, les étiqueter et les congeler. Au moment de l'utilisation, verser le contenu du sac dans une passoire. Mettre dans un bol et laisser décongeler, puis vous en servir pour faire une tarte, un gâteau, comme légume ou dans la soupe, à votre choix.

◄——À gauche: Patates au cognac (p. 96)
◄——À droite: Purée de céleri-rave (p. 47)

Zucchini St-Raphaël

Les zucchini sont très populaires dans le sud de la France. C'est à Saint-Raphaël que ce plat me fut servi, pour accompagner un succulent poulet rôti à la broche dans le foyer. Le chef eut la gentillesse de m'offrir sa recette, que j'ai adaptée à la cuisson aux micro-ondes. La couleur et la saveur en sont encore meilleures.

4 zucchini moyens*

4 c. à soupe (60 mL) de beurre

6 oignons verts, en dés

1 c. à thé (5 mL) d'estragon

1/4 de tasse (60 mL) de crème

sel et poivre au goût

Laver les zucchini à l'eau froide courante. Enlever les deux extrémités de chacun. Trancher les zucchini. Faire fondre le beurre dans une casserole de 4 tasses (1 L) 2 minutes à « HIGH ». Ajouter les oignons verts, l'estragon et les zucchini. Remuer pour les enrober de beurre. Faire cuire à découvert de 4 à 6 minutes à « HIGH », en remuant une fois. Lorsque cuits, les égoutter, ajouter la crème, le sel et le poivre au goût, bien remuer. Au moment de servir, faire chauffer 2 à 3 minutes à « HIGH ». La sauce est claire, mais si vous trouvez qu'il y a trop de liquide (cela dépend des zucchini), coulez le tout. Dans le sud de la France, on les sert sur une tranche de pain grillé qui absorbe le liquide et qui est délicieux à manger après les zucchini.

* *De 7 à 8 pouces (17,5 à 20 cm) chacun et environ 3 livres (1,5 kg) en tout.*

Zucchini à l'orange

De préparation rapide et facile, ils accompagnent très bien la dinde rôtie et sont délicieux avec le jambon.

3 à 4 zucchini moyens

1/2 tasse (125 mL) d'eau

1½ c. à thé (7 mL) de sel

1/3 de tasse (80 mL) de cassonade

2 c. à soupe (30 mL) de fécule de maïs

le zeste et le jus d'une orange

2 c. à thé (10 mL) de beurre

Laver les zucchini, couper un pouce (2,5 cm) à chaque extrémité, et les diviser en deux sur le long. Les disposer dans une assiette à tarte, les uns à côté des autres, se chevauchant légèrement. Ajouter l'eau. Faire cuire à « HIGH » 5 à 6 minutes. Bien égoutter. Mettre le reste des ingrédients dans un bol, bien mélanger, faire cuire 2 minutes à « HIGH », remuer pour obtenir un mélange lisse et crémeux. Une minute supplémentaire de cuisson peut être nécessaire à « HIGH ».
Au moment de servir, faire chauffer à « MEDIUM » de 3 à 5 minutes ou jusqu'à ce que le tout soit très chaud.

Tomates et zucchini étuvés à l'orientale

Un plat de basse teneur en calories, facile à préparer et à faire cuire, excellent à servir avec une viande grillée.

2 zucchini moyens non pelés et tranchés

2 tomates moyennes non pelées

1 c. à soupe (15 mL) d'huile végétale ou
   de beurre

4 oignons verts, en dés

1 feuille de laurier

1 c. à thé (5 mL) de basilic ou de sarriette

1 c. à thé (5 mL) de sauce de soja

1/4 de c. à thé (1 mL) de sucre

1 grosse gousse d'ail finement hachée

Enlever les deux extrémités des zucchini, les trancher mince. Couper chaque tomate en six. Faire chauffer l'huile ou le beurre dans un plat de 4 tasses (1 L) 2 minutes à « HIGH », ajouter les oignons verts. Bien mélanger, faire cuire 1 minute à « HIGH ». Ajouter les zucchini, remuer, faire cuire 2 minutes à « HIGH ». Ajouter les tomates, la feuille de laurier, le basilic ou la sarriette, bien remuer, couvrir et faire cuire 2 minutes à « HIGH ». Bien remuer. Ajouter le sucre, la sauce de soja et l'ail. Saler et poivrer au goût. Au moment de servir, faire cuire 2 minutes à « HIGH ». Également bon servi chaud, tiède ou à la température ambiante.

Zucchini à la mexicaine

Lorsque j'ai des zucchini en abondance dans mon jardin, ou que le marché en regorge, voici une façon rapide et facile de les apprêter.

3 gros ou 6 petits zucchini

1 c. à soupe (15 mL) de beurre

1 petite gousse d'ail hachée fin

1 tasse comble (250 mL)
   de fromage cheddar râpé

1 c. à thé (5 mL) d'origan ou de basilic

6 à 7 biscuits soda écrasés

Laver les zucchini, faire 5 à 6 incisions dans chacun. Les mettre sur une assiette à tarte renversée. Faire cuire 6 à 8 minutes à « HIGH ». Laisser refroidir 10 minutes. Les trancher en deux, retirer les fibres et les graines. Piler la pulpe dans le zucchini.
Faire fondre le beurre 1 minute à « HIGH ». Ajouter l'ail. Faire cuire 40 secondes à « HIGH ». Ajouter aux zucchini en purée avec le reste des ingrédients. Piler le tout ensemble pour bien mélanger. Vérifier l'assaisonnement.
Servir dans un bol ou diviser également dans chaque zucchini. Laisser reposer sur le comptoir de la cuisine, jusqu'au moment de servir, mais ne pas réfrigérer.
Au moment de servir, saupoudrer le dessus de paprika. Faire cuire 8 à 10 minutes à « MEDIUM-HIGH ». Servir.

Casserole d'hiver

Une spécialité italienne. Une casserole agréable à servir comme repas léger, avec un bol de riz ou de nouilles bouillies.

1/4 de tasse (60 mL) d'huile végétale ou de beurre

une boîte de tomates de 19 oz (540 mL)

4 à 5 tasses (1 à 1,25 L) de zucchini, non pelés et taillés en dés

1 piment vert, en dés

1 tasse (250 mL) de petits pois surgelés

1 tasse (250 mL) de grains de maïs surgelés (facultatif)

1 tasse (250 mL) de pommes de terre, en petits dés

2 oignons moyens tranchés mince

1 c. à thé (5 mL) de sarriette et autant d'aneth

1½ c. à thé (7 mL) de sel

1/4 de c. à thé (1 mL) de poivre

Faire chauffer l'huile végétale dans un bol de 6 tasses (1,5 L), 3 minutes à « HIGH ». Mettre tous les ingrédients dans l'huile chaude. Remuer pour bien mélanger. Ne pas couvrir. Faire cuire 15 minutes à « HIGH ». Bien remuer et faire cuire 10 minutes à « MEDIUM-HIGH ».
Lorsque servis avec riz ou nouilles, retirer les légumes avec une cuillère perforée. Servir le jus à part dans un pot. Chacun se sert à son goût.

Casserole de zucchini (photo p. 64-65 recto)

Un mélange intéressant de légumes et de boeuf, porc ou agneau haché, ou même d'un reste de rôti haché, à votre choix. Un plat économique, facile à apprêter.

2 c. à soupe (30 mL) d'huile végétale ou de margarine

1 gros oignon haché fin

1/2 à 1 lb (250 à 500 g) de viande hachée

1 petit piment rouge ou vert, en dés

1 c. à thé (5 mL) de sarriette ou de sauge

2 tasses (500 g) de tomates pelées et en dés ou 2 tasses (500 g) de tomates entières en boîte, égouttées

1 c. à thé (5 mL) de sucre

4 à 5 tasses (1 à 1,25 L) de zucchini tranchés

Mettre l'huile végétale ou la margarine dans un plat de 6 tasses (1,5 L) et faire cuire 1 minute à « HIGH ». Ajouter l'oignon, bien remuer et faire cuire 2 minute à « HIGH », bien remuer, ajouter la viande et bien mélanger.
Faire cuire la *viande hachée non cuite,* 4 minutes à « HIGH »; la *viande cuite hachée,* 2 minutes à « HIGH ». Bien remuer, ajouter le reste des ingrédients. Remuer pour bien mélanger. Couvrir et faire cuire à « HIGH » 10 à 12 minutes, en remuant une fois.
Variante : Remplacer la viande par 2 tasses (500 mL) de fromage cottage. Faire cuire comme pour la *viande hachée non cuite.*

Les endives

Elles sont souvent appelées endives belges, car les endives en provenance de Belgique sont reconnues dans le monde entier comme les meilleures.

Les endives coûtent généralement cher, car leur culture requiert beaucoup de travail et de soin.

Au printemps, les endives locales sont disponibles; en hiver, elles sont plutôt importées d'Europe et des États-Unis. Et j'affirme sans hésitation qu'elles valent bien ce qu'elles coûtent.

Endives braisées

Bien que les endives se consomment plutôt en salade, elles sont un délice lorsque braisées.

4 têtes d'endives

2 c. à soupe (30 mL) de beurre

1/2 c. à thé (2 mL) de sucre

2 tranches non pelées de citron

sel et poivre au goût

Enlever une mince tranche à l'extrémité de la racine des endives. Si quelques-unes des feuilles supérieures sont flétries, les retirer. Laver chaque tête d'endive à l'eau froide courante, sans écarter les feuilles intérieures. Les envelopper dans un essuie-tout pour bien essorer les feuilles supérieures.

Dans un plat en long pour micro-ondes (Micro-Dur), faire fondre le beurre 3 minutes à « HIGH ». Mettre les têtes complètes dans le plat, roulant chacune dans le beurre doré fondu. Placer les endives les unes à côté des autres en alternant le bout épais et le bout pointu. Saupoudrer le tout de sucre et y placer les tranches de citron. Ne pas couvrir. Faire cuire à « HIGH » 3 minutes. Retourner chaque endive. Faire cuire à « HIGH » 3 minutes de plus. Assaisonner au goût. Servir aussitôt prêtes en les arrosant avec le jus de cuisson.

Endives en crème

Ces endives sont préparées de la même manière que les endives braisées, mais le jus de cuisson est apprêté en sauce crémeuse. Elles sont parfaites pour accompagner la caille ou le jeune poulet rôti.

4 à 6 têtes d'endives

2 c. à soupe (30 mL) de beurre

1/2 c. à thé (2 mL) de sucre

1 c. à thé (5 mL) de jus de citron frais

2 c. à thé (10 mL) de farine

1 c. à soupe (15 mL) de beurre

une pincée de muscade

1/2 tasse (125 mL) de crème de votre choix

sel et poivre au goût

Procéder pour la cuisson comme pour les endives braisées, en remplaçant les tranches de citron par le jus de citron. Le temps de cuisson est le même.

Disposer les endives cuites sur un plat chaud. Mélanger la farine, le beurre et la muscade. Ajouter au jus de cuisson dans le plat, bien remuer, ajouter la crème, sel et poivre au goût. Faire cuire 3 minutes à « MEDIUM-HIGH », bien remuer et faire cuire une minute ou deux de plus, ou jusqu'à ce que la sauce soit crémeuse. Assaisonner au goût et verser la sauce crémeuse sur les endives.

Ces endives peuvent être réchauffées, si nécessaire, de 2 à 4 minutes à « MEDIUM ».

Les épinards

Les épinards se prêtent à plusieurs variantes. Ils ont une saveur délicate et subtile et sont d'une très belle couleur. Ce qui contribue à leur popularité. En été, lorsqu'il y a abondance d'herbes fraîches, le basilic, l'aneth ou l'estragon frais rehaussent agréablement la saveur des épinards. Chacun est un délice !

L'achat
En été, je préfère acheter les épinards frais à la livre (500 g). En hiver, j'utilise les épinards en sacs de 10 onces (284 g).

La conservation
Les épinards ne se conservent pas longtemps, mais les épinards d'hiver entassés dans les sacs de matière plastique peuvent être gardés plus longtemps.
Les épinards frais d'été doivent être réfrigérés dans un sac sans les tasser. Ils se conservent de 3 à 4 jours au plus en bon état.
Les épinards frais d'hiver sont entassés dans des sacs de matière plastique. Il faut s'assurer de leur fraîcheur à l'achat. Ils se conserveront de 8 à 9 jours au réfrigérateur, sur une tablette, plutôt que dans le bac à légumes. Aucun poids ne doit être placé sur le sac.
Les épinards frais, d'été ou d'hiver, doivent toujours être lavés à l'eau froide.

Les épinards nature

La cuisson
Selon la recette choisie, les tiges des feuilles vertes peuvent être coupées; les feuilles entières, avec ou sans les tiges, peuvent être cuites aux micro-ondes. C'est une question de choix de faire cuire les épinards entiers ou hachés. Ce qui importe, c'est de bien les laver à l'eau **froide**. Les mettre dans le plat sans les essorer, mais en laissant simplement l'eau s'écouler entre vos doigts, puis les faire cuire aux micro-ondes selon la recette, ou simplement 2 à 3 minutes à « HIGH », couverts.
Je les passe ensuite au tamis en pressant dessus avec le dos d'une cuiller. Je conserve l'eau verte pour l'utiliser dans la sauce ou la soupe, ou pour faire une sauce crémeuse en utilisant moitié lait, moitié eau de cuisson des épinards.

Épinards au fromage cottage

Le fromage cottage, ajouté aux légumes, fait toujours un repas intéressant. Celui-ci, tout en étant très attrayant, est aussi très savoureux.

Un sac d'épinards frais de 10 oz (284 g), hachés

1 tasse (250 mL) de fromage cottage

2 oeufs légèrement battus

3 c. à soupe (50 mL) de fromage cheddar râpé

3 oignons verts hachés fin

1/2 c. à thé (2 mL) d'aneth ou de sarriette

2 c. à soupe (30 mL) de beurre

1/4 de tasse (60 mL) de chapelure

1/2 c. à thé (2 mL) de sel

1/4 de c. à thé (1 mL) de poivre

paprika

Mélanger dans un bol, les épinards, le fromage cottage, les oeufs, 2 c. à soupe (30 mL) du fromage râpé, les oignons verts, l'aneth ou la sarriette, remuer pour bien mélanger. Verser dans une assiette à tarte de 9 pouces (22,5 cm), recouvrir d'une feuille de matière plastique ou d'un couvercle. Faire cuire 4 à 5 minutes à « MEDIUM ». Découvrir. Faire fondre le beurre 1 minute à « HIGH ». Ajouter la chapelure, le reste du fromage râpé, le sel et le poivre. Mélanger et saupoudrer sur les épinards. Saupoudrer également de paprika. Faire cuire 3 à 4 minutes à « MEDIUM-HIGH » et servir.

Épinards à l'orientale

Je les sers avec des oeufs cuits dur chauds. Le tout se prépare très rapidement lorsque vous disposez de peu de temps et que vous désirez servir un repas bien balancé.

Un sac d'épinards frais de 10 oz (284 g)

2 c. à soupe (30 mL) d'huile végétale

1 gousse d'ail hachée fin

1/4 de c. à thé (1 mL) de sel

1 c. à thé (5 mL) de sucre

1/2 c. à thé (2 mL) de sauce de soja

un carré de tofu brisé en quatre morceaux

Nettoyer et faire cuire les épinards tel qu'indiqué pour épinards nature. Mettre le reste des ingrédients dans un bol ou dans un plat de 8 sur 8 pouces (20 cm sur 20 cm). Mélanger le tout avec soin et faire cuire 2 minutes à « MEDIUM-HIGH ». Remuer de nouveau avec soin et faire cuire 1 minute à « MEDIUM ». Servir.

Épinards aux croûtons

Ce plat d'épinards vite fait peut être préparé une heure ou plus avant la cuisson, mais ne doit pas être réfrigéré.

2 sacs de 10 oz (284 g) d'épinards frais
1 tasse (250 mL) de cubes de pain
3 c. à soupe (50 mL) de beurre
2 c. à soupe (30 mL) de farine
1 tasse (250 mL) de lait

1/2 c. à thé (2 mL) de moutarde sèche
1/4 de tasse (60 mL) de fromage râpé
1 c. à soupe (15 mL) d'eau de cuisson des épinards
sel et poivre au goût

Nettoyer et faire cuire les épinards tel qu'indiqué pour épinards nature, 3 minutes à « HIGH ». Bien égoutter, réservant 3 c. à soupe (50 mL) de l'eau de cuisson des épinards.

Mettre dans une assiette à tarte les cubes de pain et 1 c. à soupe (15 mL) du beurre, bien mélanger, faire cuire 5 à 6 minutes à « HIGH », ou jusqu'à ce que les cubes de pain soient dorés, en remuant deux fois durant la cuisson. Mettre de côté.

Pour faire la sauce, faire fondre le reste du beurre dans un bol 2 minutes à « HIGH ». Ajouter le reste des ingrédients, bien mélanger. Faire cuire, à découvert, 3 à 4 minutes, en remuant une fois, et faire cuire encore 2 à 3 minutes ou jusqu'à ce que la sauce soit crémeuse.

Mettre les épinards dans un plat de service, verser la sauce sur le dessus, recouvrir de croûtons. Au moment de servir, réchauffer 3 à 4 minutes à « MEDIUM-HIGH ».

Épinards en crème à la française *(photo p. 40-41 verso à droite)*

Il suffit d'ajouter 2 tasses (500 mL) de sauce blanche légère faite avec du lait, ou de préférence du bouillon de poulet, pour transformer ces épinards en crème en une délicieuse soupe. En France, on y ajoute souvent une tasse de petites crevettes (genre Matane), ou une quantité égale de petites huîtres fraîches. Bien mélanger le tout et faire cuire 5 minutes à « HIGH ».

N'est-il pas intéressant qu'une recette vous permette d'apprêter soit un plat très savoureux, soit une soupe élégante ?

Un sac d'épinards frais de 10 oz (284 g)
1 c. à soupe (15 mL) de farine
2 c. à soupe (30 mL) de beurre
2 c. à soupe (30 mL) de lait ou de crème légère

sel et poivre au goût
1/4 de c. à thé (1 mL) de muscade
une pincée de poudre d'ail (facultatif)

Nettoyer et faire cuire les épinards tel qu'indiqué pour épinards nature. Ne pas égoutter les épinards, les hacher à l'aide de deux couteaux et ajouter le reste des ingrédients, brasser pour bien mélanger, et faire cuire 4 minutes à « HIGH », en remuant deux fois durant la cuisson. Le mélange doit être d'un beau vert foncé et très crémeux. Au goût, juste au moment de servir, ajouter 1 c. à thé (5 mL) de zeste de citron râpé ou 1/2 c. à thé (2 mL) de jus de citron frais.

Crêpe finlandaise aux épinards
convexion

Il est essentiel pour la préparation de ce plat que votre four à micro-ondes ait la partie convexion. Cette crêpe peut remplacer les pommes de terre, les nouilles, etc., ou elle peut être recouverte d'oeufs en crème, ou d'un reste de dés de viande ou de poulet en sauce (consulter le volume no 4). Elle se sert du côté doré ou du côté vert et blanc, selon la présentation que vous choisissez.

Un sac d'épinards frais de 10 oz (284 g) ou
   1 lb (500 g) d'épinards d'été frais

2 c. à soupe (30 mL) de beurre

1½ tasse (375 mL) de lait

2 oeufs

1 c. à thé (5 mL) de sel

1/4 de c. à thé (1 mL) de muscade

3/4 de tasse (190 mL) de farine

1 c. à thé (5 mL) de poudre à pâte

1/2 c. à thé (2 mL) de sucre

Laver les épinards à l'eau froide, enlever la portion dure des queues, mettre les feuilles dans un plat. Couvrir et faire cuire 3 minutes à « HIGH ». Verser dans une passoire pour égoutter l'excédent d'eau. Mettre de côté.
Faire fondre le beurre dans un plat de 4 tasses (1 L) 2 minutes à « HIGH ». Ajouter le lait, les oeufs battus.
Mélanger dans un autre bol, le sel, la muscade, la farine, la poudre à pâte et le sucre.
Au moment de faire cuire, préchauffer la partie convexion du four à micro-ondes à 400°F (200°C). Mélanger les deux, la farine et le liquide, ajouter les épinards, bien mélanger. Beurrer un plat à quiche ou à pizza de 8 pouces (20 cm) ou une assiette ronde en verre ou en céramique de 9 pouces (22,5 cm). Y verser le mélange des épinards. Mettre sur une grille de 4 ou 5 pouces (10 à 12,5 cm) de hauteur. Régler la chaleur du four à 375°F (190°C) et faire cuire la crêpe 40 minutes, ou jusqu'à ce qu'elle soit bien dorée. Elle est alors prête à servir, en pointes ou à votre goût.

Les haricots

Les haricots frais sont de diverses couleurs : jaunes, verts, violets et leur grosseur varie.

Lorsque les haricots peuvent être cueillis au jardin de la grosseur de la moitié du petit doigt, et qu'ils sont cuits au four à micro-ondes, c'est un véritable régal.

Ils sont délicieux lorsqu'ils sont cueillis trop jeunes, mais ils ne se conservent pas. S'ils sont cueillis trop mûrs, ils sont coriaces et sans saveur; c'est donc un légume qu'il faut acheter avec soin.

Les haricots jaunes et verts nature

La préparation pour la cuisson

- Enlever les deux bouts des haricots en tirant les petits fils, généralement le long de la courbe intérieure.
- Les laver et les égoutter. Ne pas les laisser tremper.
- Ils peuvent être cuits entiers ou taillés en filets ou en diagonale en morceaux d'un pouce (2,5 cm).
- De même que pour les autres légumes, le degré de maturité et la grosseur des haricots influeront sur le temps de cuisson.
- Autant que possible, les haricots doivent être de grosseur à peu près égale.
- Les haricots entiers, selon la grosseur, cuiront en 8 à 12 minutes par livre (500 g) à « HIGH ».
- Lorsqu'ils sont taillés en julienne ou à la française, la durée de cuisson variera de 5 à 7 minutes par livre (500 g), à « HIGH ».
- Dans les deux cas, ajouter 1/4 de tasse (60 mL) d'eau par livre (500 g) de haricots. Couvrir.
- Laisser reposer les haricots cuits 5 minutes. Les égoutter, ajouter sel et beurre au goût, ou selon la recette.
- Si votre four à micro-ondes a la méthode de cuisson « auto-senseur » (consulter votre manuel d'instructions), préparer les haricots tel que précité. Vous assurer que le plat de cuisson a un couvercle bien ajusté qui retient la vapeur; sinon, recouvrir d'une feuille de matière plastique. La cuisson s'effectuera automatiquement, et lorsque le four s'arrête, les haricots sont cuits, prêts à être égouttés, beurrés et servis.

Haricots verts ou jaunes, en crème

Le légume tout désigné pour accompagner le poulet ou le porc rôti.

- 1 lb (500 g) de haricots verts ou jaunes
- 2 c. à soupe (30 mL) de beurre
- 3 c. à soupe (50 mL) d'eau

- 1/2 c. à thé (2 mL) de basilic
- 1/4 de c. à thé (1 mL) de sucre
- 1/4 de tasse (60 mL) de crème légère

Nettoyer les haricots tel qu'indiqué pour les haricots nature. Les couper en morceaux de 1 pouce (2,5 cm).
Faire fondre le beurre 1 minute à « HIGH » dans un plat de céramique (Corning). Y ajouter les haricots coupés, l'eau, le basilic et le sucre. Remuer, couvrir et faire cuire 6 minutes à « HIGH », ou faire cuire à l'auto-senseur.
Lorsque les haricots sont cuits, les égoutter à fond et ajouter la crème, le sel et le poivre au goût, faire cuire couverts 1 minute à « HIGH ». Servir.

Haricots verts à la française *(photo p. 112-113 recto)*

Des haricots verts cuits, garnis de champignons et d'amandes. Une recette classique de la cuisine française.

- 4 tasses (1 L) de haricots verts taillés en diagonale*
- 2 c. à soupe (30 mL) de beurre
- 1/4 de tasse (60 mL) d'amandes tranchées mince

- 1/2 tasse (125 mL) de champignons en boîte, tranchés et égouttés
- 1/4 de c. à thé (1 mL) de sarriette
- 1 c. à thé (5 mL) de jus de citron

Faire cuire les haricots verts tel qu'indiqué pour les haricots nature.
Faire fondre le beurre dans le plat de service (pour cuisson aux micro-ondes) 40 secondes à « HIGH ». Ajouter les amandes. Faire cuire 2 minutes à « HIGH », remuer. Ajouter les champignons, remuer et faire cuire 2 minutes à « HIGH ». Ajouter les haricots cuits, sel et poivre au goût, ajouter la sarriette et le jus de citron. Bien mélanger et faire réchauffer 30 secondes à « HIGH ».

* 4 tasses (1 L) sont l'équivalent d'environ 1 livre (500 g).

Haricots verts à la lyonnaise (photo p. 40-41 verso à gauche)

La cuisine lyonnaise doit sa réputation à cette combinaison d'oignons fondus et de croûtons croustillants.

1 lb (500 g) de haricots verts ou jaunes

1/4 de tasse (60 mL) de consommé de poulet ou d'eau

1/4 de c. à thé (1 mL) de thym

1/2 c. à thé (2 mL) de sel

1/4 de c. à thé (1 mL) de poivre

2 c. à soupe (30 mL) de beurre

1 tasse (250 mL) d'oignons tranchés mince

1 c. à soupe (15 mL) de beurre

1 tasse (250 mL) de cubes de pain frais

Tailler les haricots verts en filets. Les mettre dans un plat de cuisson de 4 tasses (1 L) avec le consommé de poulet ou l'eau et le thym. Faire cuire 8 minutes à « HIGH », couvert. Égoutter. Laisser les haricots couverts.

Faire fondre 1 c. à soupe (15 mL) de beurre dans une assiette à tarte 1 minute à « HIGH ». Ajouter les cubes de pain. Remuer pour les bien enrober de beurre. Faire cuire à découvert 1 minute à « HIGH ». Bien mélanger et faire cuire 30 à 40 secondes ou jusqu'à ce qu'ils soient dorés à l'intérieur (en briser un pour vérifier car ils demeurent pâles à l'extérieur). Ils seront croustillants, bien beurrés, et savoureux. Verser sur les oignons. Si nécessaire, faire réchauffer le plat entier recouvert d'un papier ciré, 1 minute à « HIGH ». Servir.

Haricots jaunes à la russe

Je sers ces haricots froids durant l'été et tièdes durant l'hiver. Ils représentent l'accompagnement par excellence pour servir avec de minces tranches de rôti froid.

1 lb (500 g) de haricots jaunes ou verts

1/4 de tasse (60 mL) d'eau ou de consommé

1/2 tasse (125 mL) de bouillon de poulet ou de consommé

1/4 de tasse (60 mL) d'oignons verts émincés

une petite gousse d'ail finement hachée

1/2 c. à thé (2 mL) de paprika

1/2 c. à thé (2 mL) de sel

1/2 c. à thé (2 mL) de sucre

2 c. à soupe (30 mL) de vinaigre de cidre ou de vin rouge

1/2 tasse (125 mL) de noix de Grenoble finement hachées

2 c. à soupe (30 mL) de persil frais émincé

Laisser les haricots entiers. Ne retirer que les deux bouts, tel qu'indiqué pour les haricots nature. Les mettre dans un plat, y ajouter l'eau ou le consommé. Couvrir, faire cuire 8 à 9 minutes à « HIGH ». Vérifier la cuisson et, si nécessaire, faire cuire 1 à 2 minutes de plus. Lorsqu'ils sont cuits, les laisser reposer couverts.

Pour faire la sauce, mettre le bouillon de poulet ou le consommé dans une grande tasse à mesurer ou un bol, y ajouter les oignons verts, l'ail, le paprika, le sel, le sucre, le vinaigre de cidre ou de vin rouge. Bien mélanger, faire cuire 3 minutes à « MEDIUM-HIGH ». Ajouter les noix et le persil, remuer et verser sur les haricots cuits. Servir chauds ou les laisser refroidir, mais ne pas les réfrigérer.

Plat végétarien pour le déjeuner

Un savoureux mets estival, au moment où les haricots verts ou jaunes et les petites pommes de terre rouges sont en abondance sur nos marchés. Ce plat peut être apprêté d'avance et réchauffé au moment du repas.

1 lb (500 g) de haricots verts, coupés en morceaux d'un demi-pouce (1,5 cm)

1/2 tasse (125 mL) de consommé de poulet ou d'eau

1 lb (500 g) de petites pommes de terre rouges, pelées et en petits dés

La sauce :

2 c. à soupe (30 mL) de beurre

2 c. à soupe (30 mL) de farine

1 tasse (250 mL) de liquide (le liquide de la cuisson, plus lait ou crème)

sel et poivre au goût

Tailler les haricots verts, les mettre dans un plat de cuisson aux micro-ondes, ajouter le consommé de poulet ou l'eau, couvrir et faire cuire à « HIGH » 8 à 9 minutes, ou jusqu'à ce qu'ils soient tendres. Les mettre de côté.

Peler, laver et tailler les pommes de terre en dés, les mettre dans un plat. Égoutter l'eau des haricots, lorsqu'ils sont cuits, sur les pommes de terre. Bien mélanger, couvrir et faire cuire à « HIGH » 6 à 8 minutes ou jusqu'à ce qu'elles soient tendres. Les remuer et vérifier la cuisson avec une fourchette; elles ne doivent pas être trop molles. Égoutter leur liquide de cuisson dans une mesure d'une tasse (250 mL), la remplissant de lait ou de crème.

Faire fondre le beurre 1 minute à « HIGH ». Ajouter la farine, bien mélanger, ajouter le liquide, mélanger et faire cuire 3 minutes à « HIGH », bien mélanger, faire cuire encore 2 minutes à « MEDIUM ». Saler et poivrer au goût.

Mélanger les haricots et les pommes de terre, les recouvrir de la sauce, vérifier l'assaisonnement. Servir.

Germes de haricot nature

Un légume croquant très populaire pour accompagner tout plat de porc, côtelettes ou rôti, ou à ajouter aux épinards ou à tout autre légume vert léger. Un mets non engraissant et léger.

4 tasses (1 L) de germes de haricot

2 c. à soupe (30 mL) d'huile végétale

1/2 c. à thé (2 mL) de sel

1 c. à thé (5 mL) de sauce de soja Kikkoman

3 oignons verts hachés fin

Rincer les germes de haricot à l'eau froide. Les égoutter et les mettre dans un plat. Laisser reposer 2 minutes et égoutter de nouveau, en plaçant simplement votre main sur les germes de haricot et en renversant le plat.

Les mettre dans un plat de 6 à 8 tasses (1,5 à 2 L). Faire cuire 2 minutes à « HIGH ». Ajouter le reste des ingrédients, bien remuer. Vérifier l'assaisonnement. Servir. Si nécessaire, faire réchauffer 1 minute à « HIGH ».

Le maïs en épis

Le maïs en épis est le seul maïs que l'on puisse acheter frais. Vous ne connaîtrez la véritable saveur du maïs que lorsque vous l'aurez fait cuire aux micro-ondes, ce qui est un plaisir de fin d'été. Le reste de l'année, le maïs surgelé est à notre disposition et se prête à d'intéressantes préparations. Il y a aussi le maïs en crème, en boîte, utilisé dans les soupes, le pâté chinois et quantité d'autres plats.

L'achat
Choisir des épis d'égale grosseur, autant que possible. En général, le maïs à gros grains, d'un jaune soutenu, a atteint sa pleine maturité et il est de plus forte teneur en féculent. Les meilleurs épis sont ceux dont les grains sont plus petits et d'un jaune pâle. Le maïs frais avec ses feuilles peut être conservé de 4 à 5 jours au réfrigérateur, mais il est toujours plus sucré et plus savoureux lorsque consommé le plus tôt possible après la cueillette.
J'ai un préféré, nouvellement arrivé sur le marché, appelé « Peaches and Cream ». Un nom plutôt curieux pour le maïs, ce qui ne l'empêche pas d'être tout à fait délicieux !

Maïs en épis nature *(photo p. 96-97 verso en haut)*

Il existe deux méthodes de cuisson aux micro-ondes pour le maïs en épis.

La première méthode
Le maïs est cuit dans ses feuilles. Écarter les feuilles avec soin et enlever les barbes, puis remettre les feuilles en place. Enlever les 5 ou 6 premières feuilles et couper le bout dur au bas de l'épi.

La deuxième méthode
Enlever les feuilles et aussi les barbes. Envelopper chaque épi dans une feuille de matière plastique.

La cuisson par l'une ou l'autre méthode
Mettre de 6 à 8 épis de maïs, préparés tels que ci-haut, en cercle sur le plateau rotatif, la petite pointe vers le milieu.
Compter pour la cuisson 2 minutes à « HIGH » pour le premier épi et 1 minute pour chacun des autres épis. Donc, si vous avez 6 épis de maïs, la durée de cuisson sera de 7 minutes à « HIGH ».
Si votre four n'a pas de plateau rotatif, il vous faut remuer les épis après les 3 premières minutes de cuisson.
Pour faire cuire une grande quantité de maïs, procéder comme suit : faire cuire 8 épis de maïs enveloppés de feuilles de matière plastique. Lorsqu'ils sont cuits, les disposer dans un panier sur une serviette pliée. Recouvrir le panier d'une serviette de tissu éponge. Mettre le prochain lot de maïs sur le premier, couvrir, et ainsi de suite. Les épis cuits conserveront leur chaleur de 25 à 35 minutes.
Quel délice !

Casserole de maïs au gruyère

C'est lors d'un voyage en Suisse que l'on m'a servi cette casserole. Elle m'a plu et j'en ai demandé la recette. Et maintenant, avec la cuisson des épis de maïs frais aux micro-ondes, ce plat est deux fois meilleur. C'est un repas complet. Il peut aussi être accompagné de boulettes de viande ou de cuisses de poulet.

6 épis de maïs

1/2 tasse (125 mL) de crème légère ou de lait

1 oeuf battu

4 oignons verts finement hachés

1/2 c. à thé (2 mL) de sel

1/4 de c. à thé (1 mL) de poivre

1 tasse (250 mL) de fromage gruyère râpé

1/2 tasse (125 mL) de chapelure de biscuits soda

1 c. à soupe (15 mL) de beurre

Faire cuire les épis tel qu'indiqué pour la cuisson des épis de maïs nature. Les développer ou enlever les feuilles, laisser refroidir 10 minutes, puis enlever le maïs des épis. Ajouter la crème ou le lait, l'oeuf battu, les oignons verts, le sel et le poivre et le fromage râpé. Bien remuer le tout.

Beurrer un plat de cuisson de 8 sur 7 pouces (20 sur 17,5 cm) et y verser le mélange du maïs. Mélanger le beurre et la chapelure et en saupoudrer le maïs. Faire cuire à « MEDIUM-HIGH » de 6 à 8 minutes. Laisser reposer 8 minutes avant de servir.

Si votre four a le cycle de cuisson par convexion, vous pouvez, à votre choix, faire cuire la casserole à 350°F (180°C) 30 à 35 minutes.

Maïs et chou

Une recette traditionnelle d'automne au Québec, pour accompagner les saucisses ou le rôti de porc servi froid.

5 à 6 tranches de bacon

2 c. à soupe (30 mL) de margarine

1/4 de tasse (60 mL) d'eau

2½ tasses (625 mL) de maïs enlevé de l'épi ou de maïs surgelé

2 tasses (500 mL) de chou haché

1/2 c. à thé (2 mL) de sarriette

1/2 c. à thé (2 mL) de sel

1/4 de c. à thé (1 mL) de poivre

1 c. à soupe (15 mL) de sucre

Mettre le bacon sur une grille pour cuisson aux micro-ondes ou sur 2 feuilles d'essuie-tout. Faire cuire à « HIGH » 3 ou 4 minutes ou jusqu'à ce qu'il soit croustillant. L'émietter et le mettre de côté.

Faire fondre la margarine dans un plat de 4 tasses (1 L), 2 minutes à « HIGH ». Ajouter l'eau, le maïs, le chou, la sarriette, le sel, le poivre et le sucre. Remuer pour bien mélanger. Couvrir et faire cuire 4 minutes à « HIGH ». Remuer et laisser reposer 5 minutes. Le maïs et le chou seront un peu croquants ici et là. Saupoudrer du bacon. Faire chauffer 1 minute à « HIGH ».

Relish de maïs frais vite fait *(photo ci-contre)*

Délicieux accompagnement de tout rôti. J'aime parfois en ajouter une cuillerée à soupe ou deux (15 - 30 mL) à une salade verte. Il se conserve de 3 à 4 mois au réfrigérateur.

1 piment vert, en dés

4 à 5 branches de céleri, en dés

3 c. à soupe (50 mL) d'eau

2 gros oignons finement hachés

3 à 4 tasses (750 mL à 1 L) de maïs retiré des épis cuits ou non cuits

1/4 de tasse (60 mL) de sucre

1 c. à soupe (15 mL) de sel

1 c. à soupe (15 mL) de graines de moutarde

1/2 tasse (125 mL) de vinaigre blanc ou de cidre

1/2 tasse (125 mL) d'eau

Mettre dans un plat de cuisson aux micro-ondes de 4 tasses (1 L) le piment vert, le céleri et les 3 c. à soupe (50 mL) d'eau. Remuer. Couvrir et faire cuire 2 minutes à « HIGH ». Ajouter les oignons et le maïs. Faire cuire 2 minutes à « MEDIUM ».

Ajouter le reste des ingrédients, remuer pour bien mélanger. Faire cuire 3 minutes à « MEDIUM ». Bien remuer. Verser dans un bocal. Conserver au réfrigérateur. Le servir froid.

Relish de maïs frais vite fait ⟶

Le navet

De tout temps l'homme a consommé le navet. L'apparition de la pomme de terre lui a fait perdre sa priorité. Je vous assure que le navet cuit au four à micro-ondes vous réserve des surprises par sa saveur délicate et l'absence d'odeur de cuisson dans la cuisine.

La conservation
Mettre les navets dans le bac à légumes ou sur une tablette dans le réfrigérateur, dans un sac de matière plastique fermé sans serrer. Ils se conservent ainsi de cinq à six semaines.

Les navets nature

La manière de les peler
La pelure des navets étant amère, il faut enlever toute pelure épaisse. Il y a une ligne visible entre la pelure et la pulpe du navet, qu'il faut enlever. Il faut ensuite le couper ou le préparer selon les données de la recette.

La cuisson
Le navet peut être cuit entier. Il est excellent lorsque cuit au four à micro-ondes enveloppé d'un papier de matière plastique (voir la recette), ou bien taillé en dés, tranché ou même râpé. Aromatiser d'une pincée de sucre, de beaucoup de poivre, de graines d'aneth ou d'aneth frais, de zeste d'orange ou de citron, de feuilles de laurier et de quatre-épices, après la cuisson.

Note : Il est important lorsqu'il est coupé ou tranché de remuer le navet une fois durant la période de cuisson.

◀— **En haut: Piments doux farcis (p. 98)**
◀— **En bas: Oignons bouillis, sauce aux raisins de Corinthe (p. 89)**

Le navet enveloppé *(photo p. 96-97 recto)*

Une manière facile et savoureuse de faire cuire le navet au four à micro-ondes. En été, je remplace le persil par de la ciboulette fraîche hachée ou de l'aneth frais.

Un navet de 1 à 2 lb (500 g à 1 kg)

1/4 de c. à thé (1 mL) de sucre

1 c. à thé (5 mL) de margarine ou de beurre mou

sel et poivre au goût

Au moment de l'achat, faites peser le navet si vous ne pouvez le faire chez vous. Couper le navet d'une livre (500 g) en deux, et celui de deux livres (1 kg) en quatre portions. Peler chaque partie tel qu'indiqué pour les navets nature.

Si vous utilisez le persil et le beurre, mettre le persil sur une feuille de matière plastique, y déposer le navet et étendre le beurre mou sur le côté coupé. Saupoudrer de sucre. Envelopper chaque morceau de navet séparément, en vous assurant qu'il est bien recouvert.

Le mettre sur une claie pour four à micro-ondes. Faire cuire 3 minutes par quartier à « HIGH », c'est-à-dire 3 minutes pour un quartier de navet, 6 minutes pour deux, et ainsi de suite; donc, quatre quartiers cuiront en 12 minutes.

Au moment de servir, développer, trancher ou mettre en purée. Assaisonner au goût. Le réchauffer, si nécessaire, 2 minutes à « MEDIUM-HIGH ».

Purée de navet

En France, on ajoute toujours des pommes de terre à la purée de navet, ce qui lui donne une texture et une saveur distinctes.

Un navet de 1½ à 2 lb (750 g à 1 kg)

4 pommes de terre moyennes, pelées et tranchées

1/2 tasse (125 mL) de consommé ou d'eau

1/2 c. à thé (2 mL) de sucre

1/4 de c. à thé (1 mL) de poivre

1 c. à thé (5 mL) de sarriette

2 à 3 c. à soupe (30 à 50 mL) de beurre

Peler le navet et le trancher mince, tel qu'indiqué pour les navets nature. Ajouter les pommes de terre. Verser le consommé ou l'eau sur le dessus. Ajouter le sucre, le poivre et la sarriette. Remuer pour mélanger. Couvrir. Faire cuire à « HIGH » de 12 à 14 minutes. Remuer après 10 minutes et vérifier la cuisson des légumes.

Lorsqu'ils sont cuits, les égoutter en réservant le liquide de cuisson. Ajouter le beurre et piler les légumes. Vérifier l'assaisonnement. S'il faut un peu de liquide, utiliser l'eau de cuisson réservée, en l'ajoutant par cuillerées au besoin.

Tout cela peut se faire d'avance et être conservé à la température de la pièce pour être réchauffé 3 à 4 minutes à « MEDIUM-HIGH », sans couvrir.

Ma purée de navet

J'aime bien la crème sure avec les légumes. Cette recette est ma manière d'apprêter le navet. Pour le servir comme plat principal d'un repas végétarien, j'ajoute à la purée de navet un petit ou un gros contenant de fromage cottage.

1 navet moyen

1/2 c. à thé (2 mL) de sucre

1/2 tasse (125 mL) d'eau

2 c. à soupe (30 mL) de beurre

1/4 de c. à thé (1 mL) de poivre

3 c. à soupe (50 mL) de crème sure
  commerciale

sel au goût

3 c. à soupe (50 mL) de persil émincé

Peler le navet, le trancher mince, tel qu'indiqué pour les navets nature. Le placer dans un plat avec le sucre et l'eau. Couvrir et faire cuire 12 à 14 minutes à « HIGH ». Remuer après 10 minutes et vérifier la cuisson. Lorsque cuit, l'égoutter.
Ajouter le reste des ingrédients au navet. Le piler et battre pour mettre en crème. Vérifier l'assaisonnement. Le navet aime beaucoup le poivre.
Pour le réchauffer, passer aux micro-ondes 3 minutes à « MEDIUM ».

Le navet au miel de Frank

C'est la recette d'un ami qui est très bon cuisinier, en plus d'être producteur du meilleur miel que j'aie jamais goûté et des bleuets les plus gros et les plus parfaits.

Un navet de 1 à 1½ lb (500 à 750 g)

1/2 tasse (125 mL) d'eau

3 c. à soupe (50 mL) de miel

le zeste râpé d'un demi-citron

1 c. à soupe (15 mL) de jus de citron frais

1 c. à soupe (15 mL) de beurre

sel et poivre au goût

Peler et trancher le navet en tranches minces, tel qu'indiqué pour les navets nature. Le mettre dans un plat avec tous les ingrédients, sauf le sel et le poivre. Bien remuer, couvrir, faire cuire à « HIGH » de 10 à 14 minutes, selon la grosseur du navet. Remuer deux fois durant la période de cuisson, et vérifier la cuisson. Égoutter le liquide de cuisson dans un bol. Faire cuire à « HIGH » jusqu'à ce que le liquide soit réduit à environ 1/4 de tasse (60 mL). Verser sur le navet. Assaisonner au goût.

L'oignon

On utilise l'oignon dans toutes les cuisines du monde. C'est sans contredit le légume universel. Si l'on remonte très loin dans l'antiquité, au berceau même de la civilisation, l'oignon était à l'honneur. Il fait aussi partie intégrante des traditions médicinales, et rares sont ceux qui ne l'ont jamais employé.

La famille de l'oignon ne se compose pas d'une seule sorte d'oignon. Les oignons à saveur plus prononcée sont de type globulaire, rouges, jaunes ou blancs. Les jaunes et les blancs, les plus forts, sont utilisés en cuisine. Les oignons rouges à saveur plus douce s'emploient surtout dans les salades ou les plats qui demandent des oignons crus pour un léger assaisonnement. Les oignons verts, petits, doux et très savoureux viennent en second lieu. Ils sont utilisés crus dans les salades, ou dans les mets chinois. L'échalote française, un petit oignon à pelure jaune foncé, est plus difficile à obtenir et coûte généralement plus cher. Il ne faut pas confondre l'échalote avec les petits oignons à mariner. Elle est douce, à saveur d'ail. On l'utilise crue ou cuite.

Une livre (500 g) d'oignons ordinaires équivaut à 2 tasses (500 mL) d'oignons hachés.

La conservation

Les oignons de tout genre doivent être placés dans un endroit sombre, frais et sec pour éviter l'excès d'humidité qui les fait germer. Dans ces conditions, ils se conservent en parfait état jusqu'à trois mois. Ce sont les oignons jaunes qui se conservent le plus longtemps; voilà pourquoi ils sont toujours disponibles en hiver. Il ne faut pas réfrigérer les oignons.

Les oignons verts pourront être conservés 2 semaines dans un sac de matière plastique dans le bac à légumes du réfrigérateur. Il faut les détacher s'ils ont été achetés en paquets.

Les oignons nature

La préparation

Il y a tellement de façons de couper un oignon que l'on peut tout simplement suivre les instructions de la recette choisie. Cependant, il importe de savoir peler l'oignon selon son utilisation.

Couper le bout du col de l'oignon pour que le dessus soit lisse. Couper ensuite une tranche dessous, faire une incision d'un côté de l'oignon et enlever la pelure. Et puis, le hacher, le trancher ou suivre les indications de la recette choisie.

Si l'oignon doit être cuit entier, procéder comme suit : enlever le dessus tel que ci-haut, puis enlever le coeur à l'extrémité de la racine; l'oignon peut alors être cuit entier sans se défaire.

La façon de faire cuire l'oignon entier

Soit qu'il doive être cuit entier avec de la viande, être ajouté à un plat cuit ou servir de garniture, le peler tel que ci-haut. Placer les oignons les uns à côté des autres dans une assiette à tarte ou un plat, recouvrir chacun d'une pincée de sucre et d'un petit morceau de beurre. Si vous désirez aromatiser l'oignon avec une herbe, y ajouter une pincée de sarriette ou d'aneth sur le beurre.

2 oignons cuiront en 3 à 4 minutes environ à « HIGH »; il faut toutefois vérifier la cuisson après 2 minutes.

4 oignons cuiront en 5 à 8 minutes environ à « HIGH »; la cuisson doit être vérifiée comme ci-dessus.

6 oignons cuiront en 9 à 11 minutes environ à « HIGH »; la cuisson doit être vérifiée comme ci-dessus.

Pour la cuisson d'oignons *tranchés,* selon l'une ou l'autre des quantités précitées, faire cuire à « HIGH » pour environ la même période que celle indiquée ci-dessus pour 2 - 4 - 6 oignons, mais ils doivent être remués deux fois durant la cuisson.

Les oignons bouillis

Pour faire bouillir des oignons entiers, petits ou moyens, (1 livre ou 500 g), les recouvrir d'eau chaude à moitié, couvrir le plat, faire cuire 7 à 9 minutes à « HIGH ». Vérifier la cuisson lorsqu'il ne reste que 2 minutes du temps requis. Cela est facile avec la pointe d'un petit couteau.

Oignons fondus

Ils sont délicieux, servis tels quels, ou ajoutés à une sauce blanche, à la sauce d'une dinde ou d'un poulet rôti, ou encore aux carottes ou navets cuits, ou aux nouilles. C'est donc une recette qui se prête à plusieurs variantes.

6 oignons moyens jaunes ou rouges*

**1/4 de tasse (60 mL) de beurre ou
de margarine**

1/2 c. à thé (2 mL) de sucre

1/4 de c. à thé (1 mL) de poivre

sel au goût

Peler les oignons, tel qu'indiqué pour les oignons nature et les trancher en rondelles minces ou épaisses, à votre choix.

Faire fondre le beurre ou la margarine dans un plat de 4 tasses (1 L) 3 minutes à « HIGH ». Le beurre sera alors doré. Ne faire cuire qu'une minute si vous préférez un beurre de couleur naturelle. Ajouter les oignons, le sucre et le poivre. Bien remuer, couvrir et faire cuire 6 à 8 minutes à « HIGH », en remuant une fois après 5 minutes.

Les oignons doivent être ramollis en évitant la surcuisson. Lorsqu'ils sont cuits, les assaisonner au goût. Servir ou apprêter selon une des suggestions précitées.

* Les oignons jaunes ont une saveur plus forte que les oignons rouges. À vous de choisir selon votre goût.

Pâté allemand à l'oignon

convexion

Ce délicieux pâté m'a été servi en Allemagne, au Cercle militaire des Officiers de l'Armée canadienne. Le cuisinier m'a gentiment remis la recette. Ce fut servi comme repas léger avec un plat de bacon chaud et des petits pains ultra-bons.

**Pâte au choix pour une assiette à tarte
de 10 pouces (25 cm)**

3 c. à soupe (50 mL) de beurre

**3 tasses (750 mL) d'oignons pelés,
tranchés mince**

**1/2 tasse (125 mL) de lait ou moitié crème
moitié lait**

1½ tasse (375 mL) de crème sure commerciale

2 oeufs bien battus

3 c. à soupe (50 mL) de farine

1 c. à thé (5 mL) de graines d'aneth ou de thym

7 ou 8 tranches de bacon

Tapisser le fond de l'assiette à tarte de la pâte de votre choix. Faire cuire dans la partie convexion du four à micro-ondes préchauffée à 400°F (200°C) 10 à 15 minutes ou jusqu'à ce que vous obteniez un beau doré. La pâte peut aussi être cuite aux micro-ondes 3 minutes à « HIGH », mais elle ne sera pas dorée; c'est pourquoi je recommande la méthode convexion. Mettre le beurre dans un plat pour micro-ondes de 4 tasses (1 L). Faire cuire à « HIGH » 3 minutes, le beurre brunira ici et là. Ajouter les tranches d'oignon. Bien mélanger et faire cuire 8 à 9 minutes à « HIGH », en remuant une fois. Verser les oignons dans la pâte cuite.

Mélanger le reste des ingrédients, sauf le bacon. Verser le tout sur les oignons.

Faire cuire au four à micro-ondes à « MEDIUM » jusqu'à ce que le centre soit ferme, ce qui prendra de 12 à 15 minutes.

Disposer les tranches de bacon sur une assiette, les unes à côté des autres. Faire cuire à « HIGH » 7 à 9 minutes, ou jusqu'à ce que le bacon soit croustillant. Le disposer sur le pâté cuit et servir.

Oignons amandine

Oignons fondus nappés d'une sauce blanche et garnis d'amandes grillées. Accompagnent parfaitement tout plat de poisson ou le poulet rôti.

4 gros oignons jaunes pelés et coupés en deux

4 c. à soupe (60 mL) de beurre

La sauce

2 c. à soupe (30 mL) de beurre

2 c. à soupe (30 mL) de farine

1 tasse (250 mL) de lait

1/2 tasse (125 mL) de fromage cheddar râpé

2 c. à soupe (30 mL) de vermouth ou de madère

sel et poivre au goût

1/4 à 1/2 tasse (60 à 125 mL) d'amandes effilées

Mettre les oignons dans un plat de 4 tasses (1 L) avec les 4 c. à soupe (60 mL) de beurre. Couvrir et faire cuire à « HIGH » de 6 à 8 minutes, en remuant une fois.

Faire fondre les 2 c. à soupe (30 mL) de beurre dans un bol 1 minute à « HIGH », ajouter la farine, bien mélanger. Ajouter le lait, remuer et faire cuire 3 à 4 minutes à « MEDIUM-HIGH », jusqu'à ce que le mélange soit crémeux, en remuant une fois. Ajouter à la sauce le fromage, le vermouth ou le madère, sel et poivre au goût. Faire cuire à « HIGH » 3 minutes, en remuant deux fois.

Verser la sauce crémeuse sur les oignons, ne pas mélanger. Mettre les amandes dans un plat et faire griller à « HIGH » 3 à 4 minutes, en remuant deux fois. Verser les amandes dorées sur la sauce. Faire cuire à « MEDIUM-HIGH » 3 à 4 minutes, au moment de servir.

Oignons glacés au miel

À servir avec rôti de porc ou de jambon. Ils sont excellents avec les volailles, et ils ont une affinité particulière pour le canard et l'oie.

6 à 8 oignons moyens

2 c. à soupe (30 mL) d'eau

1/4 de tasse (60 mL) de miel

2 c. à soupe (30 mL) de beurre

le zeste râpé d'un demi-citron

1 c. à soupe (15 mL) de jus de citron

1 c. à thé (5 mL) de vinaigre de cidre

sel et poivre au goût

Peler les oignons, les laissant entiers, tel qu'indiqué pour les oignons nature. Les mettre dans un plat pour micro-ondes de 4 tasses (1 L). Ajouter l'eau, couvrir et faire cuire 10 à 12 minutes à « HIGH ». Remuer après 8 minutes de cuisson. Vérifier la cuisson des oignons avec la pointe d'un petit couteau. Les égoutter dans une passoire, conservant l'eau de cuisson.

Mettre le reste des ingrédients, sauf le sel et le poivre, dans le plat de cuisson des oignons. Y ajouter l'eau de cuisson conservée. Faire cuire 3 minutes à « HIGH ». Bien remuer, ajouter les oignons bien égouttés, remuer. Ne pas couvrir. Faire cuire 3 minutes à « HIGH », bien remuer après chaque minute de cuisson. Les oignons doivent être ramollis et glacés. Saler et poivrer au goût. Ils se réchauffent facilement.

Les conserver à la température de la pièce. Au moment de servir, les passer aux micro-ondes 3 minutes à « MEDIUM », en remuant une fois.

Oignons à l'italienne

Si possible, utiliser les oignons rouges qui sont doux et contrastent joliment avec le blanc de la crème. Les oignons jaunes sont savoureux, mais moins attrayants.

1/4 de tasse (60 mL) de beurre

4 tasses (1 L) d'oignons tranchés mince

2 oeufs battus

1 tasse (250 mL) de crème sure commerciale

sel et poivre au goût

2/3 de tasse (160 mL) de fromage parmesan râpé

Faire fondre le beurre dans une assiette à tarte de céramique de 9 pouces (22,5 cm), 3 minutes à « HIGH ». Le beurre doit être légèrement doré ici et là. Ajouter les oignons, bien remuer. Faire cuire à découvert 5 minutes à « HIGH », en remuant une fois durant la période de cuisson.
Battre ensemble les oeufs, la crème sure, le sel et le poivre. Ajouter aux oignons. Remuer pour bien mélanger. Vérifier l'assaisonnement. Recouvrir du fromage râpé. Faire cuire 5 minutes à « MEDIUM ». Pour faire cuire dans la partie convexion de votre four à micro-ondes préchauffée à 425°F (215°C), mettre l'assiette à tarte sur la grille du four et faire cuire 20 minutes.

Oignons étuvés

Lorsque vous pouvez obtenir des petits oignons blancs, de préférence à l'automne, servez-les à la Belge, avec des pâtés de boeuf et des tomates grillées à la française.

2 lb (1 kg) de petits oignons blancs

4 c. à soupe (60 mL) d'huile végétale

4 c. à soupe (60 mL) de gras de bacon

1/4 de c. à thé (1 mL) de sel de céleri

sel et poivre au goût

1/4 de tasse (60 mL) de persil frais haché fin (facultatif)

Nettoyer et peler les petits oignons. Cela se fait rapidement en les recouvrant d'eau bouillante et en les laissant reposer 5 minutes. Égoutter et peler, en coupant d'abord le dessus et très peu de la partie inférieure, afin que les oignons ne se défassent pas à la cuisson.
Mettre les oignons préparés dans un plat de 4 tasses (1 L) pour micro-ondes. Verser l'huile et le gras de bacon sur les oignons. Couvrir et faire cuire 6 à 8 minutes à « HIGH », en remuant deux fois. Il est important que les oignons demeurent un peu croquants. Ajouter le reste des ingrédients, remuer pour bien mélanger. Servir chauds ou tièdes.

Oignons entiers à la vinaigrette

Je sers souvent ces oignons avec des épinards au beurre, comme légume d'accompagnement pour un rôti de porc ou de jambon, ou je les sers chauds ou à la température ambiante comme salade cuite.

6 oignons moyens

1 piment vert, coupé en languettes

1/2 tasse (125 mL) d'eau chaude

1 gousse d'ail entière pelée

2 feuilles de laurier

Vinaigrette:

1/2 tasse (125 mL) d'huile végétale

le jus d'un demi-citron

1/2 c. à thé (2 mL) de moutarde sèche

1/4 de c. à thé (1 mL) de sel et autant de poivre

Peler les oignons tel qu'indiqué pour les oignons nature. Faire une incision de chaque côté avec la pointe d'un couteau de haut en bas. Les placer les uns à côté des autres dans un plat, les recouvrir d'un couvercle ou d'une feuille de matière plastique et faire cuire à « HIGH » 8 à 9 minutes. Laisser reposer 10 minutes.

Mettre dans un autre plat le piment vert, l'eau, l'ail et les feuilles de laurier. Faire cuire 2 minutes à « HIGH ». Égoutter et ajouter aux oignons.

Mélanger les ingrédients de la vinaigrette, verser sur les oignons et le piment vert. Remuer avec soin et laisser reposer 10 à 15 minutes à la température ambiante.

Oignons bouillis, sauce aux raisins de Corinthe *(photo p. 80-81 verso en bas)*

Une présentation inusitée et très savoureuse pour accompagner le poisson frit ou le rôti de veau ou les saucisses.

6 à 8 oignons moyens

1/2 tasse (125 mL) de raisins de Corinthe

1½ tasse (375 mL) d'eau

2 c. à soupe (30 mL) de beurre

1½ c. à soupe (22 mL) de farine

le jus et le zeste râpé d'un citron

Peler les oignons, les trancher et les défaire en anneaux. Mettre dans un plat, sans ajouter de liquide. Couvrir et faire cuire 2 minutes à « HIGH ».

Préparer la sauce aux raisins, en mettant les raisins et l'eau dans un plat; faire cuire 7 minutes à « HIGH ».

Dans l'intervalle, mélanger le beurre et la farine, ajouter le zeste et le jus de citron aux raisins, y ajouter le mélange de la farine et du beurre en brassant. Bien mélanger. Faire cuire à « MEDIUM-HIGH » 4 à 5 minutes, en remuant deux fois. Lorsque la sauce est crémeuse et cuite, la verser sur les oignons. Saler au goût. Ces oignons peuvent être préparés d'avance et conservés à la température ambiante, couverts. Réchauffer 2 à 3 minutes à « MEDIUM-HIGH » au moment de servir. Remuer et servir.

Oignons gratinés

convexion

Si votre four à micro-ondes comporte la partie convexion, essayez cette recette, un des plats renommés de la cuisine française. Servir pour accompagner toute viande de votre choix.

6 à 8 oignons moyens

2 c. à soupe (30 mL) de beurre

2 c. à soupe (30 mL) d'huile végétale

sel, poivre et muscade

3 c. à soupe (50 mL) de crème à fouetter

4 c. à soupe (60 mL) de fromage gruyère râpé

1 c. à soupe (15 mL) de beurre

Peler les oignons, tel qu'indiqué pour les oignons nature et les hacher finement. Mettre le beurre dans un plat de 4 tasses (1 L), ajouter l'huile et faire chauffer 3 minutes à « HIGH ». Ajouter les oignons, remuer pour les bien mélanger à l'huile chaude. Couvrir et faire cuire 3 minutes à « HIGH ». Remuer, ajouter sel, poivre et muscade au goût. Remuer et verser le tout dans une assiette à tarte de pyrex ou de Corning. Recouvrir du fromage râpé mélangé à la crème et mettre le beurre en dés sur le tout. Placer sur la grille de la partie convexion de votre four à micro-ondes préchauffée à 400°F (200°C). Faire cuire 25 à 30 minutes ou jusqu'à ce que le fromage soit doré sur le dessus.

Ma quiche à l'oignon préférée

convexion

Le plat tout désigné pour un buffet chaud. Je vous recommande d'en faire deux plutôt qu'une seule.

Pâte au choix pour une assiette à tarte de 9 à 10 po (22,5 ou 25 cm)

4 c. à soupe (60 mL) de beurre

6 oignons moyens

1 c. à thé (5 mL) de sel

1/2 c. à thé (2 mL) de poivre

1/4 de c. à thé (1 mL) de thym

1 tasse (250 mL) de fromage gruyère râpé

3/4 de tasse (190 mL) de lait

3/4 de tasse (190 mL) de crème

6 oeufs

Préchauffer la partie convexion de votre four à micro-ondes à 400°F (200°C). Recouvrir le fond de l'assiette à tarte de la pâte abaissée. La faire cuire environ 10 minutes ou jusqu'à ce qu'elle soit dorée. Faire fondre le beurre dans un plat de 4 tasses (1 L) 1 minute à « HIGH ». Ajouter les oignons pelés et tranchés. Bien remuer. Faire cuire 8 minutes à « HIGH », en remuant une fois. S'il y a de l'eau dans les oignons, les égoutter. Ajouter sel, poivre et thym. Remuer.

Mettre la moitié du fromage sur le fond de tarte cuit, recouvrir avec la moitié des oignons, y mettre le reste du fromage et placer le reste des oignons sur le tout.

Battre ensemble le lait, la crème et les oeufs, verser sur les oignons. Faire cuire à 400° (200°C) 25 à 30 minutes, ou jusqu'à ce que le mélange soit ferme. Servir chaude ou tiédie, mais non réfrigérée.

Oignons verts sur pain grillé

C'est un régal quatre-saisons, car les oignons verts sont toujours disponibles. Servir comme entrée ou avec des viandes froides.

2 à 3 paquets d'oignons verts

2 c. à soupe (30 mL) de beurre

2 c. à soupe (30 mL) d'eau

sel et poivre au goût

3 c. à soupe (50 mL) de persil frais haché

4 tranches de pain grillé

Couper la partie verte des oignons, pour qu'ils soient de la longueur des tranches de pain. Les nettoyer. Faire fondre le beurre 3 minutes à « HIGH » dans un plat assez long pour y placer les oignons sans les couper (j'utilise un moule à pain en pyrex de 8 pouces (20 cm). Ajouter l'eau, remuer et recouvrir des oignons préparés, les têtes blanches ensemble. Saler et poivrer au goût, saupoudrer du persil. Couvrir et faire cuire 6 minutes à « MEDIUM-HIGH ».
Diviser les oignons également sur les tranches de pain grillé.
Variante : Verser une cuillerée ou deux de fromage râpé sur chaque tranche de pain. Mettre sur une claie pour four à micro-ondes. Faire chauffer 1 minute 30 secondes à « MEDIUM-HIGH ». Servir.

Le panais

Le panais appartient à la famille des carottes. Il lui ressemble par la forme, mais il est de couleur crème.

L'achat
L'automne est la saison du panais. Cependant, ce n'est qu'après la première gelée que l'amidon qu'il contient se change en sucre, ce qui le rend doux et savoureux.
Choisir le panais ferme, d'un blanc crème et sans taches brunes.

La conservation
Si les panais sont achetés en botte, les détacher, leur laisser un pouce (2,5 cm) de tige verte, les mettre dans un sac sans les tasser, ne pas attacher. Ils se conservent au réfrigérateur de 3 à 6 semaines.

Les panais nature

La préparation
Couper une tranche épaisse sur le dessus pour qu'il ne reste que la partie blanche et faire de même à l'autre extrémité, puis peler.

La cuisson de panais entiers
Utiliser un plat en long, y placer les panais en alternant à chaque extrémité du plat les bouts larges et les bouts épais. Ajouter 1/4 de tasse (60 mL) d'eau. Couvrir de papier ciré ou de matière plastique.
Une livre (500 g) de panais entiers cuira en 9 à 10 minutes à « HIGH ». Vérifier la cuisson avec la pointe d'un petit couteau.

La cuisson en tranches minces ou en bâtonnets
Mettre les panais dans un plat, y ajouter 1/4 de tasse (60 mL) d'eau pour chaque quantité de 2 à 3 tasses (500 à 750 mL) de panais. Faire cuire 6 à 7 minutes à « HIGH ». Remuer une fois durant la cuisson.

Panais en purée

Lorsque j'ai des panais moyens d'égale grosseur, j'aime les apprêter ainsi. J'ajoute quelquefois 1 ou 2 pommes de terre moyennes, cuites et pilées avec les panais.

1 lb (500 g) de panais moyens

2 pommes de terre moyennes (facultatif)

**6 oignons verts hachés fin ou
1 petit oignon haché**

**1/4 de tasse (60 mL) d'eau ou de bouillon
de poulet**

1 c. à soupe (15 mL) de farine

1/4 de c. à thé (1 mL) de sarriette ou d'aneth

sel et poivre au goût

2 c. à soupe (30 mL) de beurre

2 c. à soupe (30 mL) de crème ou de lait

Peler, laver et trancher les panais, tel qu'indiqué pour les panais nature. Peler et trancher les pommes de terre, si elles sont utilisées. Mettre dans un plat les panais, les pommes de terre, les oignons verts ou l'oignon haché, l'eau ou le bouillon de poulet. Faire cuire 7 à 8 minutes à « HIGH », en remuant une fois. Égoutter, en réservant le liquide. Piler les légumes.

Mesurer l'eau de cuisson, et la faire réduire à « HIGH » à 1 c. à soupe (15 mL). Vérifier souvent durant la cuisson, car elle réduit parfois très rapidement.

Saupoudrer la farine sur les panais et les pommes de terre, ajouter la sarriette ou l'aneth, le sel et le poivre. Ajouter le beurre et le lait ou la crème. Battre le tout pour obtenir une belle purée crémeuse. Vérifier l'assaisonnement. Mettre dans un plat pour micro-ondes, couvrir. Faire cuire 5 à 6 minutes à « MEDIUM » ou jusqu'à bien chaud.

Cette purée peut être préparée tôt le matin et conservée à la température de la pièce jusqu'au moment de servir. La réchauffer, couverte, à « MEDIUM » de 6 à 9 minutes, ou jusqu'à ce qu'elle soit bien chaude.

Panais à l'espagnole

Une présentation intéressante pour servir les panais. En Espagne, on utilise les oranges amères de Séville. Elles ne sont sur nos marchés que durant une courte période; j'utilise donc les oranges disponibles en tout temps.

6 à 8 panais moyens

1/4 de tasse (60 mL) d'eau

2 c. à soupe (30 mL) de beurre

1 c. à thé (5 mL) de fécule de maïs

1/4 de tasse (60 mL) de cassonade

1/2 c. à thé (2 mL) de sel

1/4 de c. à thé (1 mL) de poivre

1/4 de tasse (60 mL) de jus d'orange frais

le zeste râpé d'une demi-orange

Laver les panais et les peler, tel qu'indiqué pour les panais nature. Les tailler en longs bâtonnets. Les mettre dans un plat, ajouter l'eau. Bien remuer. Faire cuire 6 à 8 minutes à « HIGH », en remuant après 5 minutes de cuisson. Vérifier la cuisson avec la pointe d'un couteau. Lorsqu'ils sont cuits, les retirer du four à micro-ondes et les laisser reposer de 5 à 8 minutes.

Faire fondre le beurre dans un bol 1 minute à « HIGH ». Ajouter les ingrédients qui restent, bien remuer. Faire cuire 3 minutes à « HIGH », en remuant deux fois. Égoutter les panais cuits, verser la sauce à l'orange dessus. Bien remuer.

Au moment de servir, faire cuire 3 à 4 minutes à « MEDIUM-HIGH », en remuant une fois.

La patate (douce)

Dans le Nouveau Monde, on connaissait la patate bien avant qu'elle ne parvienne en Europe. Elle atteint sa plus grande popularité dans la période de Noël et du Nouvel An. Elle est meilleure cuite aux micro-ondes que bouillie.

L'achat
Il faut choisir les patates d'égale grosseur. Cela est important pour obtenir une cuisson parfaite lorsque plusieurs sont cuites à la fois.
Il faut toujours les choisir uniformes et à pelure lisse.
Il faut éviter celles qui ont amolli ou qui ont des taches.

La préparation et la cuisson des patates
Les laver à l'eau froide courante. Les piquer 3 ou 4 fois chacune avec la pointe d'un couteau. Comme elles ont tendance à s'oxyder une fois pelées, il vaut mieux les faire cuire entières, puis les évider pour faire une purée ou pour les apprêter selon la recette choisie.
Lorsque seulement deux patates sont cuites, les placer chacune dans une moitié du four à micro-ondes. Si 3, 6 ou 8 sont cuites, les disposer en cercle autour du plateau rotatif. Les retourner à la mi-cuisson.
4 à 6 patates moyennes cuiront à « HIGH » en 10 à 14 minutes, selon la grosseur. Piquer chacune avec la pointe d'un couteau après 5 à 6 minutes pour vérifier la cuisson, les retourner et achever la cuisson.

Patates hawaïennes

Ces patates, avec l'ananas en purée et les noix hachées, sont pour moi presque une nécessité pour accompagner la tranche de jambon cuite aux micro-ondes. Je fais d'abord cuire les patates, puis le jambon. Au moment de servir, je réchauffe les patates, couvertes, 4 minutes à « MEDIUM ».

5 à 6 patates moyennes

1/2 tasse (125 mL) d'ananas en purée

3 c. à soupe (50 mL) de noix hachées au goût

3 c. à soupe (50 mL) de beurre ou de margarine

3/4 de tasse (190 mL) de guimauves miniatures

Laver et faire cuire les patates, tel qu'indiqué dans la préparation et la cuisson des patates. Lorsqu'elles sont cuites, les couper en deux et les évider avec une cuiller. Mettre en purée et ajouter le reste des ingrédients, sauf les guimauves. Assaisonner au goût. Mettre le mélange dans une assiette à tarte beurrée. Couvrir le dessus avec les guimauves. Faire cuire, à découvert, 5 minutes à « HIGH ». Servir.

Plaisir d'automne

Les patates et les pommes sont toutes deux à leur meilleur, du point de vue saveur, après avoir supporté quelques nuits très fraîches. Je sers généralement ces patates avec le canard rôti ou les cuisses de poulet.

6 patates moyennes

2 à 3 pommes pelées, le coeur enlevé, tranchées

1/4 de tasse (60 mL) de cassonade ou de sucre d'érable

1/2 c. à thé (2 mL) de sel

1/3 de tasse (80 mL) de beurre fondu

1/4 de c. à thé (1 mL) de muscade

Laver et faire cuire les patates, tel qu'indiqué dans la préparation et la cuisson des patates. Les laisser refroidir durant 20 minutes environ. Les peler et les couper en tranches épaisses. En mettre la moitié dans un plat de 4 tasses (1 L) copieusement beurré, recouvrir de la moitié des pommes et de la moitié du reste des ingrédients. Répéter le procédé en alternant les patates, les pommes et le reste des ingrédients. Couvrir et faire cuire 20 minutes à « MEDIUM-HIGH ». Laisser reposer 5 minutes et servir.

Patates au cognac *(photo p. 64-65 verso à gauche)*

Il n'y en a pas de plus parfaites pour accompagner la dinde rôtie, ou un gros poulet, ou la caille rôtie. Elles peuvent être servies dans les écorces d'orange ou dans un joli plat, ce qui est peut-être plus facile.

3 oranges	**1/2 c. à thé (2 mL) de sel**
6 patates moyennes	**1 c. à soupe (15 mL) de cognac***
1/3 de tasse (80 mL) de beurre	**1/4 de c. à thé (1 mL) de muscade ou**
4 c. à soupe (60 mL) de cassonade foncée	**de quatre-épices**

Laver les oranges et les couper en deux. En extraire le jus et le mettre de côté. Nettoyer l'intérieur des écorces et frotter l'intérieur avec du beurre mou, si elles doivent être utilisées.

Faire cuire les patates, tel qu'indiqué dans la préparation et la cuisson des patates. Lorsqu'elles sont cuites, les couper en deux, les évider à l'aide d'une cuiller. Ajouter le reste des ingrédients et le jus d'orange qu'il faut pour obtenir un mélange crémeux. Remuer pour bien mélanger. Mettre le tout dans un plat ou dans les écorces d'orange beurrées.

Au moment de servir, disposer les écorces d'orange en cercle sur le plateau du four à micro-ondes ou y mettre le plat. Faire cuire 6 minutes à « MEDIUM ».

* J'utilise le brandy blanc Mont Blanc, un produit canadien et économique pour la cuisine.

Navet enveloppé (p. 82) ⟶

Les piments doux verts et rouges

Les piments sont de diverses grosseurs, formes et couleurs (verts, rouges, jaunes, etc.) Certains piments ont une saveur piquante et poivrée, d'autres sont très doux. Ceux dont il s'agit ici sont les plus utilisés; ce sont les piments doux verts, rouges ou jaunes, mais attention si vous ne connaissez pas bien les piments. Informez-vous de la saveur douce ou piquante. En général, les plus gros piments sont les plus doux.

L'achat
Il faut rechercher les piments doux verts ou rouges de couleur soutenue, sans taches brunes et de préférence bien formés. La différence entre le vert et le rouge est le degré de maturité; on a laissé mûrir les rouges plus longtemps.
Ne pas acheter un piment ratatiné, il aura été trop longtemps à l'étalage et aura perdu sa fraîcheur.
Les piments doux hachés : 1 livre (500 g) équivaut à 2 piments doux ou 1 tasse (250 mL), hachés.

La conservation
Mettre les piments doux verts ou rouges dans un sac de matière plastique sans les laver, les placer dans le bac à légumes du réfrigérateur. Ils se conserveront en excellent état de 8 à 12 jours.

Piments doux nature

La congélation
Si vous avez des piments doux en quantité et que vous désirez les congeler, c'est facile car ils ne demandent aucun blanchiment. Les laver, les nettoyer, les couper en dés ou en languettes, ou en deux, prêts à être farcis. Les mettre dans des sacs de matière plastique, 1 ou 2 tasses (250 ou 500 mL) au plus. Même 1/4 de tasse (60 mL) peut être congelé lorsqu'une petite quantité est requise.
Au moment d'être utilisés, ils n'ont pas à être décongelés, sauf les moitiés pour être farcies.

La cuisson
Si votre recette demande que les piments doux verts ou rouges soient cuits à demi avant d'être farcis, il est important de le faire car ils ne cuisent pas toujours aussi rapidement que la farce.
À l'aide d'un couteau bien aiguisé, couper un grand cercle autour de la tige du piment et enlever le dessus. Le conserver si la recette demande de couvrir le piment après l'avoir rempli.
Enlever et jeter les graines et les fibres molles à l'intérieur. Rappelez-vous qu'il n'est pas toujours nécessaire de faire cuire à demi les piments doux avant de les farcir bien que le résultat obtenu soit meilleur. Voici la façon de procéder : mettre les piments doux verts ou rouges les uns à côté des autres dans un plat assez profond pour permettre de les recouvrir d'eau. Ajouter 2 tasses (500 mL) d'eau ou une quantité suffisante pour recouvrir au moins la moitié du piment, couvrir et faire cuire 3 minutes à « HIGH ». Laisser reposer 5 minutes, égoutter dans une passoire, laisser refroidir assez pour les manipuler.

◄—En haut: Maïs en épi nature (p. 78)
◄—À gauche: Poireaux San Antonio (p. 102)
◄—À droite: Mousse aux tomates superbe (p. 118)

Piments doux verts ou rouges fondus. Une façon rapide et facile d'apprêter les piments, soit pour les ajouter à une sauce ou à un légume cuit (tel que petits pois ou carottes tranchées) ou encore, coupés en dés, on peut les ajouter aux pommes de terre en purée ou à la sauce d'un rôti, ou même à la soupe. Nettoyer et couper en languettes ou en dés les piments doux verts ou rouges requis. Les mettre dans un plat avec 2 c. à soupe (30 mL) d'eau pour chaque tasse (250 mL) de piments. Faire cuire 2 minutes à « HIGH » pour chaque piment utilisé. Lorsque cuits, les ajouter au plat choisi. Lorsqu'on les ajoute à une sauce, inclure l'eau de cuisson de même que le piment.

Piments doux farcis *(photo p. 80-81 verso en haut)*

Si vous n'avez à la main qu'une demi-livre (250 g) de viande hachée, soit boeuf, porc ou agneau, ou encore 2 tasses (500 mL) d'une viande cuite, la passer au hachoir et l'utiliser pour farcir des piments doux.

1/2 lb (250 g) de viande hachée au choix	**1/4 de tasse (60 mL) de riz à cuisson rapide**
1 oignon haché fin	**1/4 de tasse (60 mL) d'eau ou de consommé**
1/2 tasse (125 mL) de chapelure de biscuits soda	**1/2 c. à thé (2 mL) de sarriette**
1/2 c. à thé (2 mL) de sel	**3 à 4 piments doux verts**
1/4 de c. à thé (1 mL) de poivre	**1 boîte de 7½ oz (213 mL) de sauce tomate**
	1 gousse d'ail hachée fin

Mettre la viande dans un bol. Si elle est crue, la séparer avec une fourchette. Faire cuire 2 minutes à « HIGH ». Égoutter le gras clair, écraser la viande avec la fourchette. Omettre ce qui précède si un reste de viande cuite est utilisé.

Ajouter l'oignon, la chapelure, le sel, le poivre, le riz à cuisson rapide, l'eau ou le consommé et la sarriette. Bien mélanger.

Nettoyer les piments prêts à farcir, tel qu'indiqué pour les piments doux nature. Couper chaque piment en deux sur la longueur, et le mettre dans une assiette à tarte beurrée, l'extrémité mince vers le milieu de l'assiette.

Mélanger la sauce tomate et l'ail et verser également sur les piments, en vous assurant que la farce dans chaque moitié est couverte de sauce tomate.

Recouvrir de papier ciré ou de matière plastique. Faire cuire 20 minutes à « MEDIUM-HIGH ». Servir.

Note : Les moitiés farcies peuvent être apprêtées d'avance, couvertes et gardées à la température de la pièce. Faire cuire au moment de servir.

Piments doux à l'italienne

J'aime servir ces piments verts ou rouges comme légume avec le poulet rôti ou le porc. Ils font aussi une intéressante combinaison avec des saucisses et une purée de pommes de terre.

3 c. à soupe (50 mL) d'huile d'olive ou végétale

3 piments doux verts ou rouges coupés en languettes

2 oignons tranchés mince

2 gousses d'ail hachées fin

1 c. à thé (5 mL) de basilic

1/2 c. à thé (2 mL) de sucre

sel et poivre au goût

Faire chauffer l'huile dans un plat de 6 tasses (1,5 L) 2 minutes à « HIGH ». Ajouter les piments doux, les oignons et l'ail. Bien remuer. Faire cuire 5 minutes à « HIGH ». Remuer de nouveau et ajouter le reste des ingrédients. Remuer et servir.

99

Le poireau

Le poireau est le membre de la famille des oignons dont la saveur est la plus délicate, et il s'emploie de multiples façons. Le poireau est un beau légume, long, mince, moitié blanc, moitié vert.
- Le poireau est en saison du début de septembre à la fin de novembre; il est cependant sur le marché presque toute l'année.
- Pour le congeler et le conserver, il est préférable de l'acheter à la fin de l'automne.

L'achat
Choisir des poireaux à long col blanc et dont le vert foncé a une apparence très fraîche.

La conservation
Séparer le vert du blanc en coupant, mais sans séparer les feuilles. Mettre le vert séparément dans un sac de matière plastique et les bouts blancs dans un autre sac. Ne pas laver. Fermer le sac en laissant un petit espace libre sur le dessus.
Ainsi préparés et réfrigérés, les poireaux pourront être conservés de 8 à 10 semaines.

Poireaux nature

La congélation
Il faut aussi séparer le blanc du vert. Remplir un bol d'eau froide et y laver le vert, en écartant les feuilles. Les laisser égoutter quelques minutes, puis les bien secouer pour enlever le plus d'eau possible. Mettre dans le contenant autant de feuilles qu'il peut contenir en les rangeant également ensemble. Faire fondre 1 c. à thé (5 mL) de beurre ou de margarine 30 secondes à « HIGH ». Le faire directement dans le contenant, s'il se prête à la cuisson aux micro-ondes, et y mettre autant du vert tranché qu'il peut contenir. Remuer, ajouter une bonne pincée de sucre — **pas de sel.** Faire cuire 2 minutes à « HIGH ». Remuer, couvrir et faire congeler.

Utilisation
En ajouter à la soupe, aux carottes, aux choux de Bruxelles ou au chou avant la cuisson aux micro-ondes. On peut aussi en ajouter à la farce pour poulet ou dinde, au riz ou aux nouilles. Quant à la quantité, c'est selon votre goût.
Le blanc du poireau peut être préparé et congelé de la même manière que le vert. J'aime en ajouter à la purée de pommes de terre pour remplacer les oignons.

Poireaux et tomates de ma mère

Maman aimait beaucoup les poireaux, et voici une de ses créations, très appréciée de la famille et des amis. Elle servait ce plat chaud avec du riz ou des nouilles ou du poulet rôti.

4 à 6 poireaux, selon la grosseur

3 c. à soupe (50 mL) d'huile d'olive

1 gros oignon haché fin

1/2 tasse (125 mL) de carottes pelées, râpées

1 tasse (250 mL) de tomates fraîches, en dés

1 c. à thé (5 mL) de sucre

1/2 c. à thé (2 mL) de basilic ou d'estragon

sel et poivre au goût

Nettoyer les poireaux et séparer le blanc et le vert, tel qu'indiqué pour les poireaux nature.
Couper le blanc et la partie verte **d'un seul poireau** en morceaux d'un pouce (2,5 cm).
Verser l'huile dans un plat pour cuisson aux micro-ondes de 4 tasses (1 L) et faire chauffer 1 minute à « HIGH ». Ajouter l'oignon et la carotte râpée, remuer pour bien enrober d'huile. Faire cuire 3 minutes à « HIGH ». Ajouter le reste des ingrédients. Couvrir et faire cuire 4 minutes à « MEDIUM-HIGH », en remuant après 2 minutes de cuisson. Servir.

Poireaux braisés à la française

Pour la préparation de ce plat élégant, n'utiliser que le blanc de poireaux petits ou moyens. Le servir chaud comme légume, ou froid avec une vinaigrette de votre choix.

6 poireaux moyens, le blanc seulement

1/4 de tasse (60 mL) de consommé de poulet

2 feuilles de laurier

3 c. à soupe (50 mL) de persil émincé

1/4 de c. à thé (1 mL) de sel

poivre au goût

Couper chaque poireau à la ligne du vert, car le blanc seulement est utilisé ici. Sur la façon d'utiliser le vert, faire tel qu'indiqué pour les poireaux nature.
Couper chaque poireau en quatre sur la longueur. Les laver avec soin à l'eau froide courante et les bien disposer dans un plat en long pour la cuisson aux micro-ondes (il y a un plat Micro-Dur qui convient très bien). Ajouter le consommé de poulet et les feuilles de laurier. Couvrir, faire cuire 6 minutes à « HIGH ». Bien égoutter. Ajouter cette « eau savoureuse » à une soupe ou conserver pour une sauce ou pour faire cuire un autre légume aux micro-ondes.
Ajouter le persil, le sel et le poivre aux poireaux égouttés.
Pour les servir chauds : ajouter un morceau de beurre aux poireaux assaisonnés, faire réchauffer 1 minute à « HIGH ».
Pour les servir froids : omettre le beurre; les remuer simplement, lorsqu'ils auront refroidi, avec une vinaigrette de votre choix, ou consulter le chapitre des sauces.

Poireaux San Antonio *(photo p. 96-97 verso à gauche)*

Une façon sicilienne d'apprêter les poireaux pour les servir avec le poulet ou le veau, ou sur le riz à grain long cuit aux micro-ondes.

4 poireaux moyens

1/4 de tasse (60 mL) d'eau chaude

1 c. à soupe (15 mL) de fécule de maïs

2 c. à soupe (30 mL) de beurre ramolli

le jus et le zeste d'une lime ou d'un petit citron

1/2 c. à thé (2 mL) de sel

une bonne pincée de sucre

Nettoyer les poireaux, enlever les feuilles extérieures et enlever la moitié du vert (l'utiliser dans une soupe ou un ragoût). Faire une incision dans la partie verte qui reste à partir du blanc. Laver à l'eau courante en laissant l'eau couler entre les feuilles où le sable a tendance à s'accumuler. Bien égoutter (voir les poireaux nature).

Mettre les poireaux préparés entiers dans un plat en céramique carré de 8 pouces (20 cm) ou ovale, en faisant une incision avec la pointe d'un couteau dans la partie verte seulement pour la séparer en deux. Verser l'eau chaude sur les poireaux. Recouvrir le plat de papier ciré, faire cuire à « HIGH » 7 ou 8 minutes. Laisser reposer 2 minutes. Mettre les poireaux cuits sur un plat.

Mélanger la fécule de maïs, le beurre, le jus et le zeste de lime ou de citron, le sel et le sucre. Ajouter ce mélange à l'eau de cuisson des poireaux qui reste dans le plat. Bien mélanger. Faire cuire à « HIGH » 3 minutes. Bien mélanger, ajouter un peu d'eau si le mélange est trop épais. Remuer. Faire cuire 1 ou 2 minutes de plus à « HIGH », remuer et verser sur les poireaux cuits.

Réchauffer, si nécessaire, environ 1 minute à « MEDIUM ».

Quiche du pays de Galles

Au pays de Galles, c'est un très bon plat de famille. C'est un genre de quiche sans pâte. C'est aussi un plat des Fêtes, servi avec la dinde ou le poulet rôti, froid.

6 poireaux moyens

1/2 tasse (125 mL) de consommé de poulet

le jus et le zeste râpé d'un demi-citron

2 c. à soupe (30 mL) de beurre

4 oeufs

1/4 de tasse (60 mL) de crème au choix

2 tasses (500 g) de fromage cottage

sel et poivre au goût

3 c. à soupe (50 mL) de chapelure fine de biscuits soda

Nettoyer les poireaux, tel qu'indiqué pour les poireaux nature. Couper les deux parties, la verte et la blanche, en bouts d'un pouce (2,5 cm). Mettre dans un plat pour cuisson aux micro-ondes avec le consommé de poulet, le jus et le zeste de citron et le beurre. Faire cuire à « HIGH » 8 ou 9 minutes, en remuant une fois. Égoutter, réservant le jus de cuisson.

Battre ensemble les oeufs, la crème et le fromage cottage jusqu'à ce que le tout soit bien mélangé et crémeux. Ajouter 1/4 de tasse (60 mL) du jus de cuisson réservé. Remuer pour bien mélanger. Saler et poivrer au goût, ajouter la chapelure en remuant.

Verser le tout dans une assiette à tarte de 9 ou 10 pouces (22,5 ou 25 cm). Saupoudrer de paprika. Faire cuire 15 minutes à « MEDIUM ». Servir aussitôt prêt.

Les petits pois

Tous sont d'accord que les petits pois frais du jardin appartiennent à la royauté du monde des légumes. Le problème est qu'ils doivent être préparés, cuits et consommés le plus tôt possible après la cueillette au jardin, ce qui est un rare délice. Je vous souhaite, si possible, d'en jouir à leur meilleur.

L'achat
Les marchés présentent d'excellents petits pois en juillet et en août. Il faut acheter ceux qui sont d'un vert foncé, sans taches jaunes, et choisir de préférence les petites cosses car les pois sont plus tendres. Il faut aussi les faire cuire le plus tôt possible après l'achat.
Une livre (500 g) de pois en cosses est l'équivalent de 1 à 2 tasses (250 à 500 mL) de pois écossés.

La conservation
Les petits pois se détériorent très rapidement après la récolte. Les pois en cosses ont tendance à durcir; c'est pourquoi ils doivent être utilisés le plus tôt possible.
S'ils doivent être conservés, les placer sans les écosser dans un sac de matière plastique et les réfrigérer. Ils ne doivent pas être conservés plus de 24 heures avant la cuisson.

Petits pois nature

La cuisson
N'écosser les pois qu'au moment de la cuisson. Laver 6 à 8 cosses et les mettre au fond du plat. Recouvrir des pois et saupoudrer d'une bonne pincée de sucre et de 3 c. à soupe (50 mL) d'eau. Couvrir, faire cuire à « HIGH » 6 à 8 minutes pour 1 livre (500 g). Remuer et vérifier la cuisson après 5 minutes, car les petits pois cueillis au jardin cuisent plus vite que ceux qui sont achetés. Égoutter, saler au goût, ne pas poivrer. Servir.

Cuisson des petits pois surgelés
Un des meilleurs légumes surgelés. Simplement mettre la quantité requise, surgelée, dans un plat, et ne pas ajouter d'eau. Couvrir, faire cuire à « HIGH »; 4 à 5 minutes suffiront pour 1½ tasse (375 mL). L'été, je cueille quelques feuilles de basilic, de menthe, ou un peu de ciboulette, que je hache pour ajouter aux petits pois cuits avec un morceau de beurre. Remuer et servir. Ne pas saler ni poivrer.

Cuisson par « auto-senseur » de petits pois frais ou surgelés
Écosser les petits pois frais, ajouter une pincée de sucre et 2 c. à soupe (30 mL) de beurre pour chaque quantité de 2 à 3 tasses (500 à 750 mL) de pois frais ou surgelés. Mettre dans un plat Micro-Dur, couvrir. À défaut d'un tel plat, couvrir d'une feuille de matière plastique. Programmer le senseur à « Vegetable Hard ». Mettre le four en marche. Lorsque le timbre sonore se fera entendre, retirer le plat du four, laisser reposer couvert de 4 à 5 minutes. J'ajoute toujours le jus des pois à la sauce d'une viande, ce qui rend la sauce savoureuse.

Petits pois à la française

(photo p. 112-113 verso à droite)

Un des grands plats du répertoire de la cuisine française. C'est aussi le premier légume que j'ai fait cuire aux micro-ondes, il y a dix ans, en utilisant les pois frais de mon jardin. La couleur, la saveur et la texture étaient si parfaites que depuis je ne les ai jamais mangés que cuits au four à micro-ondes.

3 c. à soupe (50 mL) de beurre

2 tasses (500 mL) de laitue déchiquetée grossièrement

1 c. à soupe (15 mL) de persil frais, haché fin

1 c. à soupe (15 mL) de sucre

2 à 3 tasses (500 à 750 mL) de petits pois écossés*

12 petits oignons blancs à marinade, pelés, ou 6 oignons verts hachés fin

Faire fondre le beurre dans un plat de 4 tasses (1 L) 1 minute à « HIGH ». Ajouter la laitue, le persil et le sucre, bien mélanger. Mélanger les petits pois et les oignons blancs ou les oignons verts, les mettre sur la laitue. Couvrir et faire cuire 6 minutes à « HIGH ». Laisser reposer 5 minutes. Saler et poivrer au goût. Servir.

* *Si vous désirez remplacer les petits pois frais par des pois surgelés, utiliser la même quantité; il n'est pas nécessaire de les décongeler. Les ajouter au tout et faire cuire tel que ci-haut.*

Petits pois à la menthe

Une de mes recettes préférées pour la cuisson des petits pois frais cueillis. L'hiver, j'utilise les petits pois surgelés.

2 c. à soupe (30 mL) de beurre

6 oignons verts, en dés

2 tasses (500 mL) de petits pois frais ou surgelés

2 c. à soupe (30 mL) d'eau*

2 c. à soupe (30 mL) de menthe fraîche, hachée fin

1 c. à thé (5 mL) de sucre

1 c. à thé (5 mL) de jus de citron

Faire fondre le beurre dans un plat de 4 tasses (1 L) 1 minute à « HIGH ». Ajouter les oignons verts, remuer jusqu'à ce qu'ils soient enrobés de beurre. Faire cuire 3 minutes à « HIGH ». Ajouter le reste des ingrédients, couvrir et faire cuire 5 à 6 minutes.

* *Si des pois surgelés sont utilisés, omettre l'eau.*

Mes petits pois surgelés avec champignons

Lorsque la saison des petits pois frais est passée, j'utilise les pois surgelés. Je les fais cuire selon la recette suivante.

2 c. à soupe (30 mL) de beurre

3 oignons verts, hachés fin ou
1 poireau, petit ou moyen, tranché mince

1 boîte de champignons tranchés à votre choix

2 à 3 tasses (500 à 750 mL) de petits pois
surgelés

1 c. à thé (5 mL) de sucre

1/2 c. à thé (2 mL) de basilic

sel au goût

Faire fondre le beurre dans un plat de 4 tasses (1 L) 1 minute à « HIGH ». Ajouter les oignons verts ou le poireau. Bien mélanger, couvrir et faire cuire 2 minutes à « HIGH ». Remuer et ajouter le reste des ingrédients. Bien remuer. Couvrir et faire cuire 5 minutes à « HIGH ». Saler au goût et servir.

Trucs de cuisson
avec les petits pois surgelés

J'ai toujours dans ma cuisine un carnet où j'inscris au fur et à mesure des idées de cuisson aux micro-ondes, le temps de cuisson requis et le résultat, bon ou très bon. Voici mes notes sur les petits pois surgelés. J'ai pris l'habitude d'indiquer mes préférences en y dessinant un astérisque. Vous pourriez en faire autant.

2 c. à soupe (30 mL) de beurre ou de margarine

4 tasses (1 L) de petits pois surgelés

1/2 c. à thé (2 mL) de sucre

Faire fondre le beurre 1 minute à « HIGH » dans un plat de 4 tasses (1 L). Ajouter les pois et le sucre. Choisissez ci-dessous la variante que vous préférez. Remuer, couvrir et faire cuire 6 minutes. Remuer et servir.

Délice estival : Omettre le beurre ou la margarine. Ajouter 2 à 3 c. à soupe (30 à 50 mL) de ciboulette émincée aux pois et au sucre avant la cuisson. Faire cuire tel que requis dans la recette de base. Ajouter en remuant 1/3 de tasse (80 mL) de crème sure commerciale. Remuer. Faire cuire 1 minute à « HIGH ». Servir.

Mon délice à l'automne : Brosser ou peler 10 à 12 petites pommes de terre nouvelles. Les mettre dans un plat de 4 tasses (1 L).
Ajouter 1/4 de tasse (60 mL) d'eau. Couvrir et faire cuire 6 minutes à « HIGH ». Je ne pèle pas les pommes de terre, même après la cuisson. Ajouter 4 tasses (1 L) de petits pois surgelés et le sucre. Remuer. Couvrir et faire cuire 3 minutes à « HIGH ». Ajouter du beurre au goût.

À l'année longue : Couper en dés 8 à 12 oignons verts, utiliser le blanc et le vert. Faire fondre
2 c. à soupe (30 mL) de beurre 1 minute à « HIGH ». Ajouter les oignons verts, bien remuer, ajouter les 4 tasses (1 L) de petits pois surgelés et le sucre. Remuer. Faire cuire 6 minutes à « HIGH ». Assaisonner au goût. Personnellement, je n'utilise ni sel ni poivre. Servir.

À l'anglaise : Disposer 6 tranches de bacon sur un essuie-tout, le mettre sur une assiette. Faire cuire à « HIGH » 3 minutes ou jusqu'à ce qu'il soit croustillant. Refroidir et briser en petits morceaux. Faire cuire les 4 tasses (1 L) de petits pois surgelés tel qu'indiqué dans la recette de base. Saupoudrer le bacon sur le dessus au moment de servir.

Plaisir d'automne : Faire 4 incisions dans une courge verte moyenne avec la pointe d'un couteau. Faire cuire 4 minutes à « MEDIUM ». Disposer sur une assiette et laisser refroidir 10 minutes. Séparer la courge en deux, enlever les graines* avec une cuillère. Ajouter un morceau de beurre dans chaque moitié et mettre en purée dans la pelure même. Remplir chaque moitié de petits pois surgelés. Saupoudrer les pois de quelques pincées de sucre. Mettre sur une assiette. Faire cuire 6 minutes à « HIGH ».
La courge peut être apprêtée d'avance et conservée à la température ambiante. Au moment de servir, ajouter les pois et faire cuire tel qu'indiqué ci-haut.

* Je donne les graines aux petits oiseaux, ils en raffolent. Les mettre simplement dans un petit plat sur l'herbe ou sur la neige.

La pomme de terre

La pomme de terre est de consommation universelle et se classe au huitième rang par ordre d'importance dans les récoltes alimentaires du monde.

La pomme de terre est un aliment important et doit occuper une place de choix sur notre table. Ce n'est pas la pomme de terre qui contribue à l'embonpoint, mais plutôt les garnitures (crème, beurre, etc.) qu'on y ajoute.

Toute personne au régime apprécie la saveur exquise d'une pomme de terre aux micro-ondes. J'aime beaucoup une pièce de viande grillée, accompagnée d'une pomme de terre cuite aux micro-ondes. Je n'ajoute pas de beurre, ni à l'une ni à l'autre, et cependant le tout est savoureux et pas du tout sec. Rappelons-nous que la pomme de terre est riche en vitamines A et C, et de haute teneur en fer et en calcium; elle constitue, de ce fait, une portion essentielle de notre régime.

L'achat

Il faut choisir des pommes de terre uniformes. Il est parfois utile d'avoir un mélange de petites et de grosses pommes de terre.

Il faut éviter de choisir les pommes de terre qui commencent à germer ou celles qui ont des taches. Si elles ont des « yeux » ou des taches, ne couper que la portion nécessaire pour les enlever.

La conservation

Il faut enlever les pommes de terre du sac et les mettre dans un panier ou un grand bol. Les conserver dans un endroit frais, sombre et humide. Trop de clarté ou de soleil peut être la cause de taches vertes qu'il faut enlever lorsqu'on pèle les pommes de terre. Il ne faut pas faire cuire avec la pelure une pomme de terre qui a de ces taches vertes; lorsqu'elles ont été enlevées, elle peut être bouillie.

Lorsque les pommes de terre sont entreposées dans un endroit propice, elles se conservent de 2 à 3 mois.

Pommes de terre nature

La cuisson

Voici pour vous aider un tableau de durée de cuisson approximative.

1 pomme de terre (grosse ou moyenne) cuira en 4 à 5 minutes à « HIGH ».
2 pommes de terre (grosses ou moyennes) cuiront en 7 à 8 min. à « HIGH ».
3 pommes de terre (grosses ou moyennes) cuiront en 10 à 12 min. à « HIGH ».
4 pommes de terre (grosses ou moyennes) cuiront en 14 à 16 min. à « HIGH ».
6 pommes de terre (grosses ou moyennes) cuiront en 17 à 19 min. à « HIGH ».

Note : Les pommes de terre sont cuites lorsqu'elles sont légèrement tendres au toucher, mais encore fermes. Ne pas oublier qu'elles amollissent beaucoup pendant la durée d'attente.

Les pommes de terre font exception à la règle de cuisson prolongée pour les légumes plus vieux. Bien entendu, il existe une différence entre les pommes de terre nouvelles et les vieilles pommes de terre. Les cellules de la surface des pommes de terre nouvelles sont mûres, mais elles ont encore une texture très dure et ferme. L'ébullition rapide permet à la chaleur de pénétrer l'amidon intérieur. Dans les vieilles pommes de terre, les cellules de surface se sont élargies pour accommoder les granules d'amidon qui grossissent. Alors, si on les fait bouillir trop vite, la cellulose se brise, le féculent éclate et la pomme de terre se défait en morceaux. Ces quelques notions vous permettront de servir de belles et bonnes pommes de terre.

Vous comprendrez alors pourquoi les pommes de terre d'hiver peuvent être cuites aux micro-ondes sans ajouter d'eau, mais qu'il faut ajouter 1/4 de tasse (60 mL) d'eau pour faire cuire les pommes de terre nouvelles.

Les pommes de terre cuites aux micro-ondes retiennent plus d'humidité. Si vous préférez des pommes de terre plus sèches, il faut piquer chacune à 4 ou 5 endroits avec une fourchette à longs fourchons, pour laisser échapper l'excédent d'humidité; 2 à 3 incisions dans chaque pomme de terre peuvent suffire, mais elles seront moins sèches.

Pour la cuisson de grosses pommes de terre aux micro-ondes, assurez-vous qu'elles sont d'égal volume. Il faut disposer les pommes de terre dans le four à micro-ondes comme les rayons d'une roue, avec l'extrémité plus grosse vers l'extérieur et la plus petite vers le centre.

Il ne faut pas non plus oublier qu'il faut allouer une durée d'attente de 4 à 5 minutes après la cuisson, afin de permettre à la chaleur résiduelle d'achever la cuisson des pommes de terre. C'est pourquoi il est important de bien déterminer la durée de cuisson, car la pomme de terre amollit considérablement durant la période d'attente.

Une pomme de terre trop cuite est gommeuse à l'intérieur et prend une apparence ratatinée.

Pour les pommes de terre pelées, puis coupées en deux ou en dés, ou tranchées, il faut ajouter 1/4 de tasse (60 mL) d'eau pour la cuisson de 6 à 8 pommes de terre moyennes. Les couvrir et les faire cuire à « HIGH » tel qu'indiqué plus haut.

Si votre four à micro-ondes a l'auto-senseur, préparer les pommes de terre de la même manière, les couvrir avec le couvercle, si vous possédez un plat Micro-Dur, ou recouvrir tout plat de votre choix d'une feuille de matière plastique, en pressant tout autour du plat pour qu'elle adhère bien. Faire cuire à « Sensor A6 » ou selon les données de votre four. Laisser reposer 5 minutes, couvertes, après la période de cuisson.

Quelle que soit la cuisson choisie pour les pommes de terre, si elles deviennent gommeuses ou très ratatinées, elles auront trop cuit.

Les pommes de terre frites ne peuvent être faites aux micro-ondes; toutefois, elles peuvent très bien y être réchauffées lorsque fraîchement frites ou surgelés.

Étendre les frites, fraîches ou surgelées, dans un plat pour cuisson aux micro-ondes assez grand pour les contenir toutes en une seule couche.

Pour les frites surgelées, les passer au cycle « Defrost » 2 ou 3 minutes pour 3 à 4 tasses (750 mL à 1L), bien remuer; ensuite, les faire chauffer aux micro-ondes de 2 à 3 minutes à « HIGH », pour les rendre croustillantes.

Pour réchauffer les frites fraîchement cuites, les étendre sur un plat et les réchauffer 2 à 3 minutes à « HIGH », pour chaque quantité de 3 à 4 tasses (750 mL à 1 L) de pommes de terre frites.

Pommes de terre grêlées

Apprenez à les faire. C'est rapide, facile, et le résultat est toujours parfait. Selon la grosseur et la variété des pommes de terre, la durée de cuisson peut varier plus ou moins. Vérifier avec la pointe d'un couteau (voir pommes de terre nature).

6 pommes de terre moyennes

1 c. à thé (5 mL) de gros sel

1 c. à soupe (15 mL) de beurre mou ou de margarine

Choisir les pommes de terre d'égale grosseur. Les brosser à l'eau froide courante. Les essuyer avec un essuie-tout. Faire 4 à 5 incisions dans chaque pomme de terre avec la pointe d'un couteau. Mettre le sel sur une assiette ou un essuie-tout.
Déposer le beurre ou la margarine au milieu de votre main gauche. Rouler chaque pomme de terre entre vos mains pour l'enrober du gras. La rouler ensuite dans le gros sel. La quantité de beurre (ou de margarine) et de sel qu'indique la recette est suffisante pour 6 pommes de terre.
Disposer les pommes de terre en cercle sur le plateau du four à micro-ondes. Faire cuire d'après les données du tableau pour les pommes de terre nature.

Pommes de terre escalopées

La cuisson aux micro-ondes les rend crémeuses et savoureuses. C'est si rapide en comparaison de la cuisson habituelle.

3 c. à soupe (50 mL) de beurre

1 oignon pelé et haché fin

1 c. à thé (5 mL) de sel

1/4 de c. à thé (2 mL) de poivre

1 c. à thé (5 mL) de sarriette ou d'aneth

3 c. à soupe (50 mL) de farine ou d'arrow-root

2 tasses (500 mL) de lait*

4 tasses (1 L) de pommes de terre pelées et tranchées mince

Mettre dans un bol, le beurre, l'oignon, le sel, le poivre et la sarriette ou l'aneth. Faire cuire 2 minutes à « HIGH ». Ajouter la farine ou l'arrow-root en remuant pour bien mélanger, ajouter le lait. Bien remuer, faire cuire 6 à 8 minutes à « MEDIUM », en remuant deux fois. Lorsque le mélange est crémeux, vérifier l'assaisonnement.
Disposer les pommes de terre tranchées mince en couches superposées dans une grande assiette à tarte ou dans un plat de 4 tasses (1 L). Verser la sauce sur le tout. Remuer les pommes de terre ici et là avec la pointe d'un couteau afin que la sauce se répande également dans les pommes de terre.
Saupoudrer le dessus de paprika. Faire cuire à « MEDIUM » 20 à 25 minutes, en vérifiant la cuisson des pommes de terre avec la pointe d'un couteau. Cette recette donnera six bonnes portions, elle peut facilement être divisée en deux. Pour une plus petite quantité, réduire la durée de cuisson de 10 minutes environ.

Manière de réchauffer un reste
Mettre tout reste dans un petit plat, en prenant soin de ne pas mélanger les couches alternées. Couvrir et conserver au réfrigérateur. Au moment de servir, faire réchauffer, couvert à « MEDIUM » jusqu'à ce que le tout soit chaud. Le temps varie selon la quantité; il faut vérifier toutes les 3 minutes.

* Vous pouvez aussi utiliser 1 tasse (250 mL) de lait et 1 tasse (250 mL) de bouillon de poulet.

Pommes de terre farcies *(photo p. 112-113 verso à gauche)*

Je les prépare le matin, pour simplement les réchauffer à l'heure du déjeuner ou du dîner. Leur succès est toujours assuré.

6 pommes de terre moyennes d'égale grosseur

3 c. à soupe (50 mL) de beurre

1/3 de tasse (80 mL) de crème sure ou de yaourt nature

1/2 c. à thé (2 mL) de sel

1/4 de c. à thé (1 mL) de poivre

1/2 c. à thé (2 mL) de sarriette (facultatif)

2 oignons verts hachés fin

paprika au goût

Brosser les pommes de terre à l'eau froide courante. Les mettre en cercle dans le four à micro-ondes. Faire cuire 14 à 16 minutes à « HIGH ». Vérifier la cuisson avec la pointe d'un couteau après 14 minutes. Laisser refroidir 5 minutes, puis couper une tranche ovale sur le dessus de chaque pomme de terre. Retirer la pulpe à l'aide d'une cuiller ou couper chaque pomme de terre en deux et l'évider. Ajouter le reste des ingrédients à la pomme de terre, excepté le paprika. Piler pour obtenir un mélange lisse et crémeux. Remplir de purée chaque coquille de pomme de terre. Saupoudrer de paprika. Les disposer en cercle dans le four à micro-ondes. Faire cuire à « MEDIUM-HIGH » de 4 à 7 minutes, ou jusqu'à ce que les pommes de terre soient très chaudes.

Note : Ces pommes de terre farcies peuvent être apprêtées d'avance, prêtes à être réchauffées, en les laissant sur le comptoir de la cuisine recouvertes d'un bol. Ne pas les réfrigérer.

Pommes de terre « rosties »
convexion ou micro-ondes

Une excellente façon d'apprêter les pommes de terre pour accompagner le poulet rôti.

6 à 8 pommes de terre moyennes

4 c. à soupe (60 mL) de beurre

1/2 c. à thé (2 mL) de sel

Brosser les pommes de terre à l'eau froide courante. Percer chacune trois fois avec la pointe d'un couteau. Les mettre en cercle sur une claie allant aux micro-ondes. Faire cuire à « HIGH » 9 à 12 minutes, en vérifiant la cuisson avec la pointe d'un couteau. Laisser reposer de 20 à 30 minutes. Au moment de les utiliser, peler les pommes de terre, les hacher ou les râper grossièrement. Faire fondre le beurre dans un plat de 4 tasses (1 L) 4 minutes à « HIGH ». Le beurre sera doré. Ajouter les pommes de terre et le sel. Bien remuer. Presser fortement dans le plat avec le dos d'une fourchette. Le mettre sur une grille dans la partie convexion de votre four à micro-ondes, préchauffée à 400°F (200°C). Faire cuire de 15 à 20 minutes, ou jusqu'à ce que les pommes de terre soient dorées. Saupoudrer de paprika ici et là. Servir.

Pommes de terre persillées

Pour cette recette, choisir de petites pommes de terre. Lorsque j'achète un gros sac de pommes de terre, je retire toutes les petites qui sont mêlées aux grosses. (J'utilise aussi les premières petites pommes de terre de mon jardin).

6 à 9 petites pommes de terres pelées

1/4 de tasse (60 mL) d'eau

2 c. à soupe (30 mL) de beurre

1/4 de tasse (60 mL) de persil émincé

3 oignons verts hachés fin

sel et poivre au goût

Laver et peler les pommes de terre. Les mettre dans un plat de 4 tasses (1 L), ajouter l'eau. Couvrir et faire cuire à « HIGH » 6 à 9 minutes, ou jusqu'à ce qu'elles soient tendres, en remuant deux fois durant la période de cuisson. Les égoutter en réservant l'eau de cuisson.
Mettre l'eau de cuisson réservée dans un bol, ajouter le reste des ingrédients. Faire cuire 4 à 6 minutes à « HIGH », ou jusqu'à ce que le liquide épaississe. Remuer pour bien mélanger. Ajouter les pommes de terre cuites et remuer avec soin jusqu'à ce qu'elles soient enrobées du mélange persillé, couvrir.
Au moment de servir, faire réchauffer 2 à 3 minutes à « MEDIUM-HIGH ».

Purée de pommes de terre parisienne

L'addition de crème sure, de sarriette, d'oignons verts en hiver, de ciboulette en été, et de persil, donne une délicieuse purée crémeuse. Si votre four à micro-ondes a l'auto-senseur, il faut l'utiliser pour la cuisson des pommes de terre.

6 pommes de terre moyennes d'égale grosseur, pelées et coupées en quartiers

1 c. à thé (5 mL) de sel

1/4 de tasse (60 mL) d'eau

1/2 tasse (125 mL) de crème sure commerciale

1/4 de tasse (60 mL) de beurre ou de margarine

1 c. à thé (5 mL) de sarriette

4 oignons verts hachés fin ou 3 c. à soupe (50 mL) de ciboulette fraîche, hachée

1/4 de tasse (60 mL) de persil frais haché fin

Laver les pommes de terre à l'eau froide courante, les peler et les couper en quartiers. Les mettre dans un plat avec le sel et l'eau. Bien remuer. Couvrir et faire cuire 8 à 10 minutes. Égoutter, piler, et ajouter le reste des ingrédients. Battre jusqu'à ce que le tout soit lisse et bien mélangé. Vérifier l'assaisonnement. Mettre dans un plat pour la cuisson aux micro-ondes. Couvrir. Conserver à la température de la pièce et faire réchauffer au moment de servir, 2 à 5 minutes à « MEDIUM », si nécessaire.

Pommes de terre en sauce brune

Ce sont les pommes de terre parfaites à servir avec tout rôti. Je fais cuire mes pommes de terre aux micro-ondes et je les ajoute à la sauce brune du rôti. Je les prépare aussi avec un reste de sauce, pour les servir avec des tranches froides du rôti.

1/4 à 1/2 tasse (60 à 125 mL) du reste de sauce d'un rôti (le gras et le jus)

1 c. à thé (5 mL) de « Kitchen Bouquet »

1/4 de c. à thé (1 mL) de paprika et autant de sarriette

4 à 6 pommes de terre moyennes pelées

Mettre le reste de sauce dans un plat de 4 tasses (1 L). Faire chauffer 1 minute à « HIGH ». Ajouter le reste des ingrédients, y rouler les pommes de terre pour les bien enrober. Couvrir et faire cuire à « HIGH » 4 minutes. Bien remuer et faire cuire 4 minutes de plus à « HIGH », ou jusqu'à ce que les pommes de terre soient tendres. Saler et poivrer au goût. Servir.

Pommes de terre à l'orientale

Ces pommes de terre sont très savoureuses. C'est en cherchant une bonne recette pour accompagner les petites côtes de porc à l'orientale que je les ai apprêtées ainsi pour la première fois.

1 c. à soupe (15 mL) de Bovril aux légumes

1 c. à soupe (15 mL) de sauce de soja

2 oignons verts hachés fin

2 c. à soupe (30 mL) de beurre

6 pommes de terre moyennes pelées

sel et poivre au goût

Mettre dans un plat de 4 tasses (1 L) le Bovril aux légumes, la sauce de soja, les oignons verts et le beurre. Faire cuire, sans couvrir, 3 minutes à « HIGH », en remuant après 2 minutes de cuisson. Ajouter les pommes de terre pelées, en vous assurant qu'elles sont toutes d'égale grosseur. Remuer pour les bien enrober du mélange chaud. Faire cuire, à découvert, 10 minutes à « HIGH ». Remuer, vérifier la cuisson avec la pointe d'un couteau. Si nécessaire, faire cuire de 2 à 3 minutes de plus. Servir très chaudes.

Haricots verts à la française (p. 75) →

Pelures de pommes de terre

Un hors-d'oeuvre intéressant qui remonte très loin dans notre histoire culinaire canadienne, et qui est subitement devenu populaire en tous lieux. Six pommes de terre donneront 12 moitiés pour servir comme entrée, ou 24 quarts comme amuse-gueule.

5 à 6 pommes de terre moyennes

3 c. à soupe (50 mL) de beurre fondu

1/2 c. à thé (2 mL) de sel de céleri

1/2 c. à thé (2 mL) de sarriette

1/2 tasse (125 mL) de fromage râpé de votre choix

Laver les pommes de terre, faire 3 ou 4 incisions dans chacune avec la pointe d'un couteau. Les disposer en cercle sur une claie pour cuisson aux micro-ondes. Faire cuire à « HIGH » 10 à 12 minutes, en retournant chaque pomme de terre après 5 minutes de cuisson. Laisser reposer 10 minutes après la cuisson.

Couper chaque pomme de terre en deux en longueur. Pour faire des morceaux plus petits, couper chaque demie en longueur. Évider les pommes de terre au-dessus d'un bol*. Disposer les pelures dans une assiette à tarte (pyrex ou Corning) de 9 pouces (22,5 cm). Faire fondre le beurre dans un petit bol 2 minutes à « HIGH ». Ajouter le reste des ingrédients, sauf le fromage. Remuer pour bien mélanger. Brosser l'intérieur de chaque pomme de terre avec le mélange. Saupoudrer délicatement chaque morceau avec le fromage. Saupoudrer le tout d'un peu de paprika.

Faire cuire, à découvert, 10 à 12 minutes à « HIGH ». Les pelures seront croustillantes. Servir aussitôt prêtes.

* La pomme de terre évidée peut être mise en purée, couverte et réfrigérée, si elle n'est pas utilisée le jour même. Pour la réchauffer, il suffit de 8 à 9 minutes, couverte, à « MEDIUM-HIGH ».

←**En haut: Tomates cerises sautées (p. 118)**
←**À gauche: Pommes de terre farcies (p. 110)**
←**À droite: Petits pois à la française (p. 104)**

La tomate

C'est connu de tous que la tomate est le légume préféré dans le monde entier. Vous serez peut-être étonné d'apprendre qu'elle appartient à la famille botanique qui comprend également la pomme de terre, le piment et l'aubergine. Elle est originaire du Pérou et, de là, s'est répandue à travers le monde.

L'achat
Ce n'est pas une tâche facile, à moins que vous ne soyez un acheteur avisé, car la plupart des tomates de nos marchés d'alimentation sont vendues pré-emballées sur des plateaux en matière plastique, et il est difficile d'en bien juger la qualité.

Cependant, les tomates plutôt fermes, de couleur brillante, exemptes de taches brunes ou de portions vertes, sont les meilleures. Je juge leur poids à leur grosseur. Les tomates ne doivent pas être achetées ni trop mûres ni pas assez mûres, car la saveur laisse à désirer; les premières sont aqueuses, les secondes acides. Les tomates atteignent la perfection à la fin du printemps et durant l'été.

La conservation
Lorsque les tomates ne sont pas assez mûres, les conserver à la température ambiante, les unes à côté des autres. Lorsqu'elles sont mûres, les disposer de la même manière, mais les conserver au réfrigérateur.

Lorsqu'elles doivent être servies crues, les retirer du réfrigérateur une heure ou deux avant la consommation.

Tomates nature

La préparation des tomates pour divers usages

Pour les peler : Laver les tomates à l'eau froide courante, les tremper quelques secondes dans l'eau bouillante, puis dans l'eau froide. Enlever le coeur sur le dessus avec un petit couteau pointu bien tranchant, la pelure s'enlèvera alors avec facilité.

Si les tomates doivent être cuites, coupées en deux ou en quarts, telles quelles ou avec une garniture sur chaque morceau, on ne doit pas les peler. Il ne faut pas non plus peler les tomates farcies entières.

Une note sur la cuisson : Il est difficile de juger de la maturité et de la teneur en liquide d'une tomate, la période de cuisson peut donc varier plus ou moins; il faut vérifier à la mi-cuisson. Lorsqu'elles doivent être cuites en moitiés, non pelées, les disposer, le côté coupé vers le bas, sur un essuie-tout, pour 20 à 30 minutes, les apprêter ensuite selon la recette choisie.

Tomates fondues au beurre

Un bifteck grillé, une pomme de terre au four et ces tomates constituent un fameux repas. Et maintenant, même les fours à micro-ondes sont munis d'un grilleur, qui leur transmet une « quatrième dimension ».

2 lb (1 kg) de tomates fermes*
4 c. à soupe (60 mL) de beurre
1 c. à soupe (15 mL) de sucre

1/2 c. à thé (2 mL) de poivre
1/2 c. à thé (2 mL) de thym ou de marjolaine

Verser de l'eau bouillante sur les tomates et les laisser reposer 2 minutes. Les mettre dans un bol d'eau froide, puis les peler et les couper en quatre.
Mettre le beurre dans un plat de 4 tasses (1 L), faire cuire 3 minutes à « HIGH », ajouter les tomates, les plaçant les unes à côté des autres. Mélanger le reste des ingrédients dans un bol, et saupoudrer sur les tomates. Cela peut être préparé une heure ou plus d'avance et conservé à la température de la pièce. Au moment de servir, réchauffer 2 à 3 minutes à « MEDIUM-HIGH ». Servir.
* *2 livres (1 kg) de tomates = 4 à 6 tomates moyennes.*

Tomates escalopées

Une manière populaire de servir les tomates en conserve comme plat de légume. Facile et rapide.

Une boîte de 19 oz (540 mL) de tomates
1 oignon moyen finement haché
1 c. à soupe (15 mL) de sucre
1/2 c. à thé (2 mL) de sel
1/2 c. à thé (2 mL) de sarriette

1/4 de c. à thé (1 mL) de romarin
2 c. à soupe (30 mL) de beurre
**1 tasse (250 mL) de pain, taillé en cubes
d'un demi-pouce (2 cm)**

Mettre dans un plat de 4 tasses (1 L), les tomates, l'oignon, le sucre, le sel, la sarriette et le romarin. Bien mélanger, faire cuire 10 minutes à « MEDIUM-HIGH », remuer.
Faire fondre le beurre dans une assiette à tarte en pyrex ou Corning, 3 minutes à « HIGH ». Ajouter les cubes de pain, remuer et faire cuire 3 minutes à « HIGH », en remuant deux fois. Les cubes de pain doivent être dorés ici et là. Les verser très chauds dans la sauce tomate. Bien remuer. Saler et poivrer au goût.

Tomates St-Raphaël

Ces tomates m'ont été servies chaudes avec un plat d'oeufs cuits dur tranchés, simplement saupoudrés de ciboulette émincée (les oignons verts peuvent être utilisés), et un panier de pain français chaud.

4 tomates moyennes	1/2 tasse (125 mL) de chapelure
1/4 de tasse (60 mL) de beurre	3 c. à soupe (50 mL) de fromage râpé
1 petit oignon haché fin	sel et poivre au goût
1/2 c. à thé (2 mL) de basilic ou d'estragon	2 oignons verts hachés fin

Essayer de choisir des tomates d'égale grosseur. Les laver, les couper en deux, les disposer sur des essuie-tout, le côté tranché vers le bas, laisser reposer 10 minutes.

Faire fondre le beurre dans un bol, 2 minutes à « HIGH ». Ajouter l'oignon, le basilic ou l'estragon. Bien remuer. Faire cuire 2 minutes à « HIGH », en remuant une fois. Ajouter la chapelure, remuer et faire dorer 2 à 3 minutes à « HIGH », en remuant une fois. La chapelure brunira légèrement.

Mettre les tomates, le côté tranché vers le bas, dans un plat de pyrex ou Micro-Dur de 12 sur 8 pouces (30 sur 20 cm). Saupoudrer chaque moitié de 1/4 de c. à thé (1 mL) de sucre. Sel et poivre au goût. Mélanger la chapelure dorée et le fromage râpé et diviser également sur les tomates. Faire cuire, à découvert, 3 à 4 minutes à « MEDIUM-HIGH ».

Elles peuvent être préparées d'avance et conservées à la température de la pièce, les recouvrant de la garniture au fromage au moment de les servir.

Salade cuite de tomates fraîches

La servir chaude ou à la température de la pièce. Si possible, utiliser les petits champignons. Il est parfois difficile de les trouver frais, mais ils sont disponibles en conserve.

1/2 lb (250 g) de petits champignons frais	1 c. à thé (5 mL) de sucre
4 c. à soupe (60 mL) d'huile végétale ou de margarine	4 à 6 tomates pelées hachées
1 gros oignon émincé	1/4 de c. à thé (1 mL) de thym
2 gousses d'ail hachées fin	2 feuilles de laurier
2 c. à soupe (30 mL) de vinaigre de cidre ou de vin	2 c. à soupe (30 mL) de persil frais haché

Couper les queues des champignons, les essuyer avec un linge. Lorsque de gros champignons sont utilisés, couper les queues, les essuyer et trancher les têtes en quatre.

Faire chauffer l'huile ou la margarine dans un plat de 4 tasses (1 L), 3 minutes à « HIGH », ajouter les champignons, bien remuer et faire cuire 2 minutes à « HIGH ». Ajouter l'oignon et l'ail, remuer et faire cuire 3 minutes à « HIGH ». Bien remuer.

Remuer ensemble le vinaigre et le sucre. Ajouter au mélange des tomates. Faire cuire 4 minutes à « HIGH ». Ajouter le reste des ingrédients et les champignons. Remuer pour bien mélanger, faire cuire 4 minutes à « HIGH ». Servir chaude ou à la température de la pièce.

Tomates grillées

Maintenant qu'il existe sur le marché un four à micro-ondes avec un grilleur parfait, pourquoi ne pas essayer la recette préférée d'un grand nombre, les tomates grillées.

4 tomates moyennes

1/2 c. à thé (2 mL) de sucre

1/4 de c. à thé (1 mL) de sel

poivre au goût

1/2 c. à thé (2 mL) de thym

1/3 de tasse (80 mL) de crème sure commerciale

Variante :

1/2 tasse (125 mL) de chapelure fine

3 c. à soupe (50 mL) de beurre mou

1/4 de c. à thé (1 mL) de poudre de cari ou 1 c. à soupe (15 mL) de sauce chili

Laver les tomates, enlever le coeur mais ne pas les peler. Les couper en deux sur la longueur. Mélanger le sucre, le sel, le poivre et le thym. Ajouter la crème sure. Bien mélanger. Répartir ce mélange sur les moitiés de tomates.
Variante : Mélanger la chapelure, le beurre mou, le cari ou la sauce chili. Étendre sur chaque moitié de tomates.
Dans les deux cas, préchauffer le grilleur tel qu'indiqué dans le manuel de votre four. Lorsqu'il est chaud, y placer les tomates sur le plateau du four les unes à côté des autres. Faire griller 5 minutes. Servir.

Tomates gratinées
micro-ondes ou convexion

À Florence, en Italie, elles sont servies comme hors-d'oeuvre avec des pâtes fines. On utilise les pâtes vertes, qui sont placées cuites au milieu d'un plateau blanc, et entourées des tomates. Un bol de fromage râpé est servi en même temps.

6 tomates moyennes

2 c. à soupe (30 mL) d'huile d'olive ou végétale

1 c. à thé (5 mL) de basilic

1/2 c. à thé (2 mL) d'origan

2 gousses d'ail hachées fin

sel et poivre au goût

1/4 de tasse (60 mL) de fromage parmesan râpé

2/3 de tasse (160 mL) de chapelure

Trancher les tomates en deux sur la largeur et en retirer la pulpe avec une cuiller à thé.
Enlever les graines de la pulpe de tomate, hacher la pulpe grossièrement et la mettre dans un bol avec tout le liquide des tomates. Ajouter l'huile, le basilic, l'origan, l'ail, le sel, le poivre, le parmesan et la chapelure. Remuer pour bien mélanger.
Saupoudrer 1/4 de c. à thé (1 mL) de sucre dans chaque tomate. Saler et poivrer délicatement. Remplir chaque moitié également de la farce.
Mettre dans un plat pour cuisson aux micro-ondes, assez grand pour contenir toutes les tomates les unes à côté des autres. Faire cuire à « MEDIUM-HIGH » de 8 à 10 minutes. La période de cuisson varie selon la grosseur des tomates.
Pour les faire cuire par convexion. Préchauffer la partie convexion du four à micro-ondes à 350°F (180°C). Faire cuire 20 minutes. Servir chaudes.

Tomates cerises sautées *(photo p. 112-113 verso en haut)*

En été, lorsque ces élégantes petites tomates sont en abondance sur nos marchés, peut-être même dans votre jardin, essayez une de mes recettes préférées. Elle est facile et vite faite.

8 à 12 tomates cerises

1/4 de tasse (60 mL) de beurre ou de margarine

1/2 c. à thé (2 mL) de sel

1/4 de c. à thé (1 mL) de poivre

1 c. à thé (5 mL) de sucre

Laver les tomates rapidement dans l'eau froide, les bien essuyer. Enlever le petit coeur sur le dessus. Choisir une assiette à tarte ou un plat capable de contenir toutes les tomates les unes à côté des autres, la partie du coeur sur le dessus.
Mélanger le reste des ingrédients. Répartir le mélange également sur chaque tomate. Faire cuire 5 minutes à « MEDIUM-HIGH ». Servir très chaudes.

Mousse aux tomates superbe *(photo p. 96-97 verso à droite)*

Je la sers comme une salade, sur un nid de cresson, ou comme légume avec le saumon poché froid.

6 tomates moyennes

3 c. à soupe (50 mL) de beurre

1 c. à soupe (15 mL) de sucre

1/2 c. à thé (2 mL) de basilic

2 c. à soupe (30 mL) de beurre

2 c. à soupe (30 mL) de farine

1 tasse (250 mL) de lait

1 enveloppe de gélatine non aromatisée

2 c. à soupe (30 mL) d'eau froide

1 tasse (250 mL) de crème à fouetter

Verser de l'eau bouillante sur les tomates et les laisser reposer quelques minutes, puis les peler tel qu'indiqué pour tomates nature.
Faire fondre les 3 c. à soupe (50 mL) de beurre, 2 minutes à « HIGH », dans un plat de 4 tasses (1 L). Ajouter les tomates pelées, coupées en quatre, le sucre et le basilic. Bien remuer. Faire cuire 10 minutes à « MEDIUM », en remuant une fois.
Faire une sauce blanche comme suit dans une tasse ou un bol de 4 tasses (1 L). Faire fondre les 2 c. à soupe (30 mL) de beurre dans la tasse ou le bol 3 minutes à « HIGH ». Y ajouter la farine en remuant et ajouter le lait. Faire cuire 5 minutes à « MEDIUM-HIGH », bien remuer et faire cuire 1 ou 2 minutes de plus à « MEDIUM-HIGH », si la sauce n'est pas assez crémeuse. Assaisonner au goût. Ajouter les tomates, bien mélanger. Passer le tout dans une passoire fine ou au robot culinaire.
Délayer la gélatine dans l'eau froide. Faire cuire 1 minute à « MEDIUM ». Remuer, si la gélatine est claire, elle est prête à ajouter au mélange des tomates. Bien remuer tout en ajoutant la gélatine.
Fouetter la crème et l'incorporer au mélange des tomates. Saler, si nécessaire. Verser dans un joli moule ou dans des coupes individuelles. Couvrir et réfrigérer 12 heures avant de servir.

Sauce tomate facile

Cette sauce peut être cuite et congelée en petites quantités pour être ajoutée à la sauce, ou comme garniture pour napper le chou-fleur, le chou ou le céleri. Mélangée à 2 tasses (500 mL) de lait tiède, c'est une soupe; versée sur le spaghetti cuit et servie avec un bol de fromage râpé, vous avez une sauce à spaghetti; elle peut aussi être servie pour remplacer la sauce avec le rôti de porc ou de veau.

3 c. à soupe (50 mL) de beurre ou de margarine

1 petit oignon haché finement

1 ou 2 gousses d'ail hachées fin

2 branches de céleri, en dés

1 c. à thé (5 mL) de sucre

1/2 c. à thé (2 mL) de thym et autant de basilic

1 feuille de laurier

une boîte de tomates de 28 oz (796 mL)

sel et poivre au goût

Faire fondre le beurre ou la margarine dans un plat de 4 tasses (1 L) 3 minutes à « HIGH ». Ajouter l'oignon, l'ail et le céleri. Bien remuer, faire cuire 4 minutes à « HIGH ». Remuer de nouveau. Ajouter le reste des ingrédients, bien remuer. Faire cuire 8 à 9 minutes à « MEDIUM-HIGH ». Bien remuer et utiliser.

Sauce aux tomates vertes

Une des préférées du Québec. Si vous avez des tomates dans votre jardin, cette recette vous plaira; il semble que les tomates vertes sont toujours trop en abondance. Cette sauce se congèle très bien. Il est facile de la décongeler au four à micro-ondes.

6 à 8 tomates vertes

4 c. à soupe (60 mL) de beurre

4 oignons moyens, en tranches épaisses

3 pommes pelées et tranchées

1 c. à thé (5 mL) de sel

1/2 c. à thé (2 mL) de poivre

2 clous de girofle entiers

1/2 c. à thé (2 mL) de cannelle

1/2 c. à thé (2 mL) de moutarde sèche

1 c. à soupe (15 mL) de sucre

Peler les tomates tel qu'indiqué pour tomates nature, et les couper en tranches épaisses. Faire fondre le beurre dans un plat de 6 à 8 tasses (1,5 à 2 L) 2 minutes à « HIGH ». Ajouter les tomates, les oignons et les pommes. Bien mélanger au beurre, ajouter le reste des ingrédients. Bien mélanger. Couvrir. Faire cuire 15 minutes à « HIGH ». Bien mélanger et faire cuire 10 minutes à « MEDIUM ». La sauce devrait être crémeuse et d'une belle texture.
Si les tomates sont encore un peu dures, les faire cuire 5 minutes de plus à « MEDIUM ». Servir.

Les sauces pour légumes

Faire une sauce pour légumes au four à micro-ondes élimine les difficultés, les soins particuliers, et diminue le travail de préparation d'une sauce par la méthode conventionnelle; il n'y a plus de grumeaux, de risque de brûler. En plus, il est intéressant de noter qu'une sauce peut être apprêtée tôt le matin pour être réchauffée à l'heure du repas, ce qui ne demande qu'une à trois minutes, selon la quantité.

Lorsque vous aurez fait quelques-unes des sauces qui suivent, il vous sera facile d'adapter vos propres recettes de sauces préférées à la cuisson aux micro-ondes.

N'hésitez pas à ouvrir la porte du four à micro-ondes aussi souvent qu'il vous faut vérifier la cuisson ou remuer la sauce; le temps de cuisson varie légèrement selon les ingrédients utilisés, et aux micro-ondes, les secondes et les minutes comptent pour beaucoup.

La sauce joue souvent un rôle important dans la présentation d'un légume; elle garnit, augmente la quantité ou lie entre eux les aliments qu'elle accompagne.

Sauce blanche de base

Sauce légère :   1 c. à soupe (15 mL) de beurre ou d'un autre corps gras

1 c. à soupe (15 mL) de farine

1 tasse (250 mL) de liquide

Sauce moyenne :   2 c. à soupe (30 mL) de beurre ou d'un autre corps gras

2 c. à soupe (30 mL) de farine

1 tasse (250 mL) de liquide

Sauce épaisse :   3 c. à soupe (50 mL) de beurre ou d'un autre corps gras

4 c. à soupe (60 mL) de farine

1 tasse (250 mL) de liquide

Faire fondre le beurre ou tout autre corps gras dans un plat pour four à micro-ondes de 4 tasses (1 L) 1 minute à « HIGH ». Ajouter la farine, bien mélanger, ajouter le liquide, bien remuer, faire cuire 3 minutes à « MEDIUM-HIGH ». Remuer pour vérifier la cuisson, saler et poivrer au goût et faire cuire encore de 30 secondes à 1 minute ou jusqu'à l'obtention d'une sauce crémeuse et bien cuite.

Roux blond ou brun

Pour obtenir un roux blond ou un roux brun, faire cuire le beurre et la farine ensemble aux micro-ondes et laisser dorer à la couleur désirée.

Sauce Mornay

Une sauce française au fromage, excellente avec les légumes à racines. Elle semble, en hiver, donner un fini particulier très apprécié. Elle est également bonne avec les légumes verts ou de couleur.

2 jaunes d'oeufs
1/2 tasse (125 mL) de crème légère

1 tasse (250 mL) de sauce blanche moyenne
1/2 tasse (125 mL) de fromage râpé au choix

Battre ensemble les jaunes d'oeufs et la crème. Faire cuire la sauce blanche suivant la recette de base. Ajouter, en battant, le mélange oeufs-crème à la sauce chaude. Incorporer le fromage, battre encore. Faire cuire à découvert 1 minute à « HIGH », remuer et servir.

Sauce soubise

C'est une sauce à l'oignon. Elle accompagne très bien le chou-fleur ou le chou, ou elle peut être versée sur des carottes cuites tranchées.

1 c. à soupe (15 mL) de beurre
3 oignons moyens tranchés mince
1 à 2 tasses (250 à 500 mL) de sauce blanche moyenne

une pincée de muscade
sel et poivre au goût

Faire fondre le beurre dans un bol moyen, 2 minutes à « HIGH ».
Ajouter les oignons, bien mélanger, couvrir et faire cuire 4 minutes à « HIGH », en remuant une fois.
Ajouter le tout à 1 ou 2 tasses (250 ou 500 mL) de sauce blanche moyenne, parfumer avec la muscade, assaisonner. Au moment de servir, chauffer à « HIGH » 2 minutes ou jusqu'à ce que la sauce soit très chaude.

Sauce au persil

La sauce au persil accompagne très bien tous les légumes d'été, de même que les carottes cuites.

1 tasse de sauce blanche moyenne
2 c. à soupe (30 mL) de persil haché

1 oignon vert haché fin
1 c. à thé (5 mL) de beurre

Préparer la sauce blanche. Ajouter le reste des ingrédients et remuer jusqu'à ce que le beurre soit fondu. Assaisonner et servir.

Véritable hollandaise

Une sauce délicieuse qui se fait sans problème ! Toujours parfaite avec les légumes plus délicats.

1/3 à 1/2 tasse (80 à 125 mL) de beurre doux ou salé

2 jaunes d'oeufs

le jus d'un petit citron

Mettre le beurre dans une petite casserole ou une mesure de 2 tasses (500 mL). Chauffer 1 minute à « MEDIUM-HIGH ». Ajouter les jaunes d'oeufs et le jus de citron. Bien battre avec un fouet. Faire cuire 20 secondes à « MEDIUM-HIGH », bien battre et si nécessaire faire cuire encore 20 secondes à « MEDIUM-HIGH », pour obtenir une consistance crémeuse. Battre, saler au goût et servir.

Sauce mousseline

Ajouter à la hollandaise 2 blancs d'oeufs battus ferme. Pour une sauce légère et mousseuse, n'incorporer les blancs en neige qu'au moment de servir.

Sauce maltaise à l'orange

Remplacer le jus de citron de la hollandaise de votre choix par 4 c. à soupe (60 mL) de jus d'orange et le zeste râpé d'une orange.

Sauce béarnaise

Une béarnaise est une hollandaise assaisonnée d'estragon et de vinaigre de vin blanc, pour accompagner les légumes fins tels que haricots verts, chou-fleur nouveau, artichauts, poireaux fondus.

3 c. à soupe (50 mL) de vinaigre de vin blanc ou de cidre

1 oignon vert haché

1 c. à thé (5 mL) d'estragon

4 grains de poivre moulus

1/3 de tasse (80 mL) de beurre

2 jaunes d'oeufs battus

Mettre le vinaigre, l'oignon et l'estragon dans une mesure de 2 tasses (500 mL). Faire chauffer à découvert 2 minutes à « HIGH ». Passer au tamis en pressant sur l'oignon et mettre dans un joli plat allant au four à micro-ondes. Ajouter le poivre moulu et le beurre. Faire fondre 1 minute à « HIGH ». Ajouter les jaunes d'oeufs battus. Faire cuire à découvert 30 secondes à « HIGH », battre et faire cuire encore 20 secondes, ou jusqu'à l'obtention d'une sauce légère.

Sauce aux champignons

Une sauce à utiliser avec légumes d'été ou d'hiver lorsque vous désirez un plat plus élégant que familial.

3 c. à soupe (50 mL) de beurre ou
   de margarine

2 c. à soupe (30 mL) de farine

1 c. à thé (5 mL) de sauce de soja ou
   1 c. à soupe (15 mL) de madère sec

1/4 de c. à thé (1 mL) de sel

3/4 de tasse (190 mL) de crème légère ou
   de lait

1 boîte de 4 oz (112 g) de champignons hachés
   et non égouttés

1/4 de c. à thé (1 mL) d'estragon ou de cari

Mettre le beurre ou la margarine dans un plat pour four à micro-ondes de 4 tasses (1 L). Faire chauffer 1 minute à « HIGH ». Ajouter la farine, la sauce de soja ou le madère au beurre pour obtenir une pâte lisse. Verser la crème ou le lait et remuer. Ajouter le sel, les champignons, l'estragon ou le cari. Faire cuire à découvert 2 minutes à « HIGH ». Bien remuer. Faire cuire encore 4 minutes. Bien remuer. À ce moment-là, la sauce doit être épaisse et crémeuse. Si elle refroidit avant d'être servie, la remuer et la réchauffer 1 minute à découvert à « HIGH ».

Sauce champignons au vin blanc

Elle a sa place partout lorsque vous désirez une sauce fine et élégante avec les légumes.

1 c. à soupe (15 mL) de beurre

1 tasse (250 mL) comble de champignons
   tranchés mince

2 échalotes françaises ou 4 oignons verts

1 c. à soupe (15 mL) de fécule de maïs

1/2 tasse (125 mL) de vin blanc sec ou
   le jus d'un demi-citron

1 c. à soupe (15 mL) de crème

sel et poivre au goût

Faire fondre le beurre dans une mesure de 4 tasses (1 L) 1 minute à « HIGH ».
Ajouter les champignons nettoyés et tranchés mince. Hacher finement les échalotes ou les oignons verts. Ajouter aux champignons en même temps que la fécule de maïs, bien mélanger le tout. Faire cuire 2 minutes à « HIGH ». Brasser. Ajouter le vin blanc ou le jus de citron, la crème, le sel et le poivre au goût, et faire cuire encore 2 minutes à « HIGH », en brassant à mi-cuisson. Cette sauce se réchauffe bien : 2 minutes à « MEDIUM » suffisent.

Sauce à la crème sure

Crémeuse, savoureuse et facile à préparer, cette sauce accompagne parfaitement tous les légumes.

1 tasse (250 mL) de crème sure commerciale

1/2 c. à thé (2 mL) de sel

1/2 c. à thé (2 mL) de cari

1/8 de c. à thé (,05 mL) de poivre

1 c. à soupe (15 mL) de jus de citron

le zeste d'un citron

Mélanger tous les ingrédients dans une mesure de 2 tasses (500 mL). Faire cuire à découvert 2 minutes à « MEDIUM-HIGH », en remuant 2 fois durant la cuisson. Si nécessaire, faire cuire encore 1 minute à « MEDIUM ».

Sauce aux raisins

Je la recommande pour les légumes à saveur un peu forte, tels que chou, navet et panais.

1/2 tasse (125 mL) de cassonade

1 c. à soupe (15 mL) de fécule de maïs

1 c. à thé (5 mL) de moutarde sèche

2 c. à soupe (30 mL) de vinaigre de cidre

2 c. à soupe (30 mL) de jus de citron

zeste d'un demi-citron, en filets

1½ tasse (375 mL) d'eau

1/3 de tasse (80 mL) de raisins sans pépins

1 c. à soupe (15 mL) de beurre

Bien mélanger les ingrédients dans une mesure de 4 tasses (1 L) et faire cuire 4 minutes à « HIGH ». Brasser et faire cuire 1 ou 2 minutes de plus, si nécessaire.

Beurre aux herbes

Comme ce beurre se conserve 6 mois au réfrigérateur et un an au congélateur, je vous conseille de le faire à l'été lorsque les herbes aromatiques sont en abondance.

1 tasse (250 mL) de beurre non salé*

1 c. à thé (5 mL) d'aneth

1/2 c. à thé (2 mL) d'estragon

1/2 c. à thé (2 mL) de sarriette

1/4 de tasse (60 mL) de persil haché

4 oignons verts hachés fin (le blanc et le vert)

1 c. à thé (5 mL) de corlandre en poudre

1 c. à thé (5 mL) de sel

1/4 de c. à thé (1 mL) de poivre frais moulu

la râpure d'un demi-citron.

Mettre le tout en crème, refroidir une heure au réfrigérateur. Former en boulettes et réfrigérer ou congeler, au choix.

* Si vous désirez utiliser un beurre salé, réduisez la quantité de sel de la recette à 1/4 de c. à thé (1 mL).

Index général

127

NOTES

NOTES

NOTES

NOTES

NOTES

NOTES

NOTES

NOTES

NOTES

NOTES

NOTES

NOTES

NOTES

NOTES

NOTES

ACHEVÉ D'IMPRIMER
EN FÉVRIER 1988
SUR LES PRESSES DE
PAYETTE & SIMMS INC.
À SAINT-LAMBERT, P.Q.